# 어바웃 머니

# 어바웃 머니

한중섭 지음

# ABOUT MONEY

경이로움

# 돈에 대한 자신만의 철학이 있나요

"부자 되세요."

오늘날 이 말은 덕담처럼 쓰이고 있다. 현대인들은 부자를 준거 집단 삼아 돈에 대한 욕망을 밝히는 것을 스스럼없이 여긴다. 이는 돈과 관련된 주제라면 쉬쉬했던 과거와는 확연히 달라진 모습이다.

그렇다면 부자는 누구인가? 부자의 사전적 정의는 '재물이 많아 살림이 넉넉한 사람'이다. 그렇다면 재물이 많다는 기준은 무엇인가? 예전에는 1억 원도 '억 소리' 날 정도로 큰돈이었지만 요새는 그렇지 않다. 한국에서 부자 대접을 받으려면 순 자산이 적어도 수십억 원 이상은 되어야 하는 것 같다. 정작 저 정도 규모의 재산을 보유한 사람은 본인이 감히 부자의 반열에 낄 수 없다며 손사래 치는 경향이 있지만 말이다.

나는 큰돈이 오가는 금융 투자 업계와 스타트업에서 일한 경력을 바탕으로 많은 부자를 만나 그들을 관찰할 수 있었다. 부자들은 부모에게 가업을 물려받은 금수저, 자수성가한 나이 지긋한 회장님, 스타트업을 대기업에 매각한 젊은 벤처 창업가, 주식이나 암호화폐로 벼락부자가 된 청년, 취미로 회사를 다니는 건물주 자녀, 교양이라고는 눈곱만큼도 찾아볼 수 없었던 졸부, 웬만한 법인보다 큰 금액의 자기 자본을 운용하는 슈퍼 개미 등 여러 부류가 있다. 이들은 저마다 자산 규모, 나이, 부자가 된 배경, 삶의 가치관, 인품은 달랐지만 공통점이 하나 있었다. 바로 돈에 대한 나름의 철학이 있다는 것이다.

돈에 대한 철학은 거창한 것이 아니다. 돈의 본질적인 속성을 이해하고, 이에 대한 자신만의 생각을 정립하는 것이다. 그러나 애석하게도 대부분의 사람은 돈에 대한 자신의 철학이 없다. 왜냐하면 돈에 관한 양질의 교육을 받지 못했기 때문이다. 이때의 교육은 '돈을 어떻게 벌 것인지'에 대한 실용적인 방법론을 뜻하는 것이 아니다. 바로 돈이 작동하는 근본적인 원리와 돈을 다루는 방법, 그리고 인생에서 돈이 차지하는 비중과 돈이 가지는 의미를 진지하게 고찰하도록 유도하는 교양 수업을 의미한다.

나는 "돈에 대한 자신만의 철학이 있나요?"라는 질문을 주변 사람들에게 종종 하는 편이다. 그러면 대부분의 사람(대개 그들은 아직 부자가 아니다.)은 이렇게 답한다. "지금보다 돈이 많으면 좋겠어요." 이것은 분명 건강하고 솔직한 욕망이다. 나는 이렇게 되묻는다. "왜 돈을 많이 벌고 싶어요?" "돈을 많이 벌기 위해서 무엇을 하고 있나요?" "어떤 방식으로 돈을 벌고 싶나요?" "돈이 얼마나 많으면 만족할까요?" "돈이 많아지면 희생해야 하는 것들을 생각해본 적이 있나요?" "나중에 큰돈이 생기면 어떤 일을 하고 싶어요?" "그 많은 돈을 어떻게 쓸 생각이에요?"

이 글을 읽고 있는 독자들도 위 질문들의 답변을 곰곰이 생각해보기를 바란다. 만약 "됐고, 돈이 많아지면 지금 하는 일 그만두고 그냥 쉬면서 놀고 싶어요." 수준의 답변밖에 떠올리지 못한다면, 돈에 대한 철학이 부재한 상태다. 돈에 대한 철학이 빈곤한 자는 부자가 될 가능성이 낮다. 어쩌다 요행으로 큰돈을 벌었다고 하더라도, 인생의 의미를 상실하고 허무한 소비와 쾌락에 빠져 금세 재산을 탕진할 가능성이 높다.

본격적으로 돈에 대한 이야기를 시작하기에 앞서 강조하고 싶은 점이 있다. 이 책은 재테크서적이 아니다. 심리, 사회, 철학, 금융, 역사를 골고루 다루는, 인문 교양서적과 경제·경영서적 중간 어딘가에 가깝다. 다만 돈이 이야기의 주인공일 뿐이다.

나는 이 책으로 보다 많은 사람이 돈에 대한 자신만의 철학을 세우길 희망한다. 그리하여 '충분한' 수준의 돈을 벌어, 고민하고 있는 많은 문제에서 자유로워졌으면 좋겠다. 우리는 돈의 주인으로 살 권리가 있다.

**한중섭**

# 목차

 **PART 1** ## 돈이란 무엇인가

# PART 1

# 돈이란 무엇인가

❖

❖

❖

# ABOUT MONEY

> 간단히 말해서,
>
> 돈은 뜨겁게 사랑하되
>
> 차갑게 다루어야 한다는 것이다.
>
> _ 앙드레 코스톨라니

# 돈은 실존하지 않는다

돈이란 무엇인가? 단순한 질문 같지만, 이에 대한 답변은 생각보다 복잡하다. 예를 들어 메소포타미아 문명 수메르인들에게 돈은 곡물이다. 고대 로마 병사들에게 돈은 소금이다. 중세 베네치아의 상인들에게 돈은 금화다. 제2차 세계 대전 당시에 아우슈비츠 수용소 포로들에게 돈은 담배다. 1971년 닉슨 쇼크 Nixon shock (리처드 닉슨 Richard Nixon 대통령이 발표한 달러 방위 정책으로 세계 경제가 충격받은 사건) 이후 돈은 미국 달러 중심의 법정화폐다. 2021년 9월 세계 최초로 비트코인 Bitcoin, BTC 을 법정화폐로 도입한 엘살바도르 시민들에게 돈은 비트코인이다.

이처럼 돈의 정의는 시기와 상황에 따라 제각기 다르다. 지속적으로 변화하는 돈의 속성은 과거에도 유효했고, 미래에도 마찬가지일 것이다. 그런데 시대와 장소를 막론하고 불변하는 돈의 속성이 있다. 그것은 바로 돈이 사회적 합의에 기반한 공통의 믿음이라는 것이다. 보다 현학적으로 말하면, 돈은 산술적으로 형상화된 추상적 가치다. 이때 형상화는 분명하게 나타나지 않은 것을 특정한 매개체를 통해 형상으로 나타내는 것을 뜻한다.

## 돈은 인간이 만들어낸 사회적 발명품이다

• • •

이해를 돕기 위해 돈의 역사를 살펴보자. 우리의 호모 사피엔스 조상들 중 일부는 '동굴 밖의 세계'를 상상할 능력이 있었고, 그들은 조개껍데기나 노란색 돌덩이에 가치가 있다는 믿음을 형상화하는 데 성공했다. 그들은 상위 계급의 권력을 이용해 다른 사람들에게 이것을 납득시켰고, 이렇게 사회적 합의를 얻은 특정 매개체는 교환, 가치 척도, 그리고 가치 저장의 역할을 수행하게 되었다. 이것이 바로 우리가 돈이라고 일컫는 가상의 실재다. 이렇게 탄생한 돈은 상품, 주화, 종이, 플라스틱 카드, 전자 부호의 모습을 띠며 진화해왔다.

그러므로 돈은 실존하지 않는다. 농담이 아니다. 돈은 인간의 뇌가 인위적으로 만들어낸 사회적 발명품에 불과하다. 자신을 제외한 다른 사람이 없다면 돈 역시 존재하지 않는다. 무인도에 혼자 사는 사람에게는 '돈'이라는 개념이 없다. 물론 돈이 실존하지 않는 것이 그것의 무용함을 뜻하는 것은 아니다. 국가, 사회, 기업, 종교, 인권 등과 같은 다른 사회적 발명품들과 마찬가지로 돈은 문명의 수레바퀴를 굴러가게 만드는 유용한 동력이다. 돈이 없었다면 인류는 교환 경제에 기반한 문명을 이룩하지 못했을 것이다. 즉, 인류가 돈을 발명해내지 못했다면 오늘날 현대인의 생활 수준은 폭력, 역병, 기아가 만연했던 원시 시대에 머물러 있었을 것이다. 물론 현대인들이 원시인보다 행복한지는 전혀 별개의 문제이지만 말이다.

당신은 아마 혼란스러울 것이다. 돈이 실존하지 않다니? 만약 돈이 존재하지 않는다면 통장 계좌에 찍힌 잔액, 실시간으로 시세가 요동치는 주식 시장, 상품에 붙어 있는 가격표, 지갑에 들어 있는 지폐, 매달 빠져나가는 할부금, 식당에서 밥값을 지불할 때 카드를 건네는 행위를 어떻게 설명해야 하는가? 돈 때문에 울고 웃고, 극단적으로 돈 때문에 사람을 살리고 죽이는 인간의 행태를 어떻게 해석해야 한다는 말인가?

돈과 관련한 인간의 '비이성적인' 행태를 해석하기 위해서는 인지 혁명을 이해할 필요가 있다. 『사피엔스』의 저자 유발 하라리Yuval Harari에 따르면, 약 7만 년 전부터 3만 년 전 사이 발생한 인지 혁명은 실존하지 않는 허구를 인지하고 집단적으로 믿는 능력이다. 인간은 인지 혁명으로 대규모 협력 체계에 기반한 문명을 구축한 뒤 지구의 지배자가 될 수 있었다.

돈이 (마치 종교처럼) 실존하지 않는 공통의 믿음이라는 점을 받아들이는 것은 무척 중요하다. 왜냐하면 이것이 대전제가 되어야, 보다 명징하고 객관적인 관점에서 돈을 바라볼 수 있기 때문이다. 다시 한번 강조하지만, 돈은 우리의 뇌가 형상화한 추상적인 가치의 산물이다. 돈은 인간이 창조한 강력한 픽션이다. 따라서 돈은 결코 인간 실존에 우선시되어서는 안 되며, 삶을 보조하기 위한 수단을 넘어 목적이 되어서는 안 된다. 그러나 우리는 돈이 주객전도主客順倒된 사례들을 빈번하게 목격한다. 이는 '돈이란 무엇인가'에 대한 올바른 판단이 정립되지 않아 발생한 비극이다.

문명이 존속하는 한, 돈은 끊임없이 형태를 바꾸고 진화하며 인간 사회와 함께할 것이다. 돈은 문명의 효모다. 프로메테우스가 선물한 불이 인간에게 기쁨과 슬픔을 주었던 것처럼, 돈도 마찬가지다. 돈은 인간의 하인 역할을 하며 번영을 줄 수 있는 반면, 탐욕을 먹이 삼아 인간의 주인으로 군림하며 인간을 노예로 부려먹을 수도 있다. 돈을 어떻게 대하고 활용할지는 우리의 몫이다. 그러기 위해서는 돈을 올바르게 이해하고 공부해야 한다. 돈 때문에 발생하는 모든 문제의 책임은 전적으로 인간에게 있다. 돈은 아무런 잘못이 없다.

# 돈에 무지한 대가

언젠가부터 한국 사회에서 '벼락거지'라는 말이 유행하기 시작했다. 부동산, 주식, 암호화폐 등 모든 자산 가격이 폭등하면서, 자산에 미리 투자를 하지 않아 상대적으로 빈곤해진 사람을 벼락거지라고 한다. 반면 위기를 기회로 여겨 영민하게 대응한 사람들은 단기간에 큰돈을 벌어 소위 벼락부자가 되었다. 바로 2020~2021년이 그런 해였다. 양극화가 심화됨과 동시에 급격한 부의 재편이 이루어진 순간이었다.

벼락거지 현상을 보고 있자면 실로 안타깝다. 왜냐하면 피해를 본 다수가 결코 게으른 사람이 아니기 때문이다. 오히려 대체로 그들은 열심히 살았던 편이다. 그들은 가계부를 쓰고 지출 비용을 아껴서, 월급을 꼬박꼬박 은행에 저축했다. 그런데 코로나19 팬데믹<sup>COVID-19 pandemic</sup>이 발생했고, 전 세계 중앙은행들은 경기 부양을 위해 공격적으로 돈을 풀었다. 그 결과 화폐 가치가 하락하고 자산 가격이 급등함에 따라, 투자를 하지 않고 착실히 월급을 모았던 사람들은 졸지에 벼락거지가 된 것이다.

사람들은 뒤늦게 자산 버블 열차에 탑승하기 위해 분주했다. 재테크 공부를 하고, 부동산 임장을 다니고, 주식과 암호화폐 계좌를 열었다. 그리고 무리하게 영끌(자산을 최대치로 끌어모음)하고 빚투(빚내서 투자)했다. 그들 중 일부는 운 좋게 투자에 성공해 주변에 무용담을 자랑했는데 이는 소수였다. 2022년에 우크라이나-러시아 전쟁이 발발하고 금융 시장이 전반적으로 하락하면서, 고점에 진입한 사람들은 큰 손실을 보았다. 게다가 중앙은행이 금리를 인상하자 무리하게 대출받은 투자자들은 급증하는 이자 부담에 잠이 오질 않는다.


## 금융 문맹은 생존을 불가능하게 한다

• • •

코로나19 팬데믹이라는 블랙 스완<sup>black swan</sup>(도저히 일어나지 않을 것 같은 일이 실제로 일어나는 현상)으로 피해를 입고, 영끌로 감당할 수 없는 빚을 진 뒤 금리 인상으로 고통을 호소하는 사람들의 공통점은 '금융 문맹'이라는 것이다. 금융 문맹은 전반적인 금융 지식이 부족하고, 돈을 다루는 방법을 모르는 사람을 뜻한다. 금융 문맹은 돈이 돈을 버는 자본주의 시스템의 속성을 제대로 이해하지 못하고, 노동 소득 외 자본 소득을 마련하는 방안을 진지하게 고민하지 않는다. 게다가 금융 문맹은 '원금 보장'에 강박적으로 집착하고, 레버리지leverage(타인의 자본을 차입해 자기 자본의 이익률을 높이는 것)를 현명하게 활용하는 법과 리스크를 관리하는 법 등에 무지하다. 수입과 지출을 알맞게 관리하지 못하는 것도 금융 문맹의 특징이다.

오늘날 한국 사회에 글을 읽고 쓰지 못하는 문맹은 거의 없다. 그러나 금융 문맹의 수는 결코 적지 않다. 실제로 한국은행과 금융 감독원이 실시한 〈2020년 전 국민 금융 이해력 조사〉에 따르면, OECDOrganization for Economic Cooperation and Development, 경제협력개발기구가 제시한 합리적인 금융 의사 결정을 내리는 데 필요한 기준에 미달하는 비율은 금융 지식(소비자가 금융 상품이나 서비스를 비교하고 적절한 정보에 입각한 금융 의사 결정을 내리는 데 도움이 되는 기본 지식), 금융 행위(재무 계획과 관리, 정보에 입각한 금융 상품 선택 등 금융과 관련해 소비자가 하는 행위), 금융 태도(현재보다 미래를 대비하기 위한 의식 구조) 별로 각각 전체 응답자 중 32%, 38%, 60% 수준이다. 다시 말해 한국인 10명 중 3~6명은 금융 지식, 금융 행위, 금융 태도가 낙제 수준이라는 것이다.

과거 한국 사회에서 돈에 대해 쉬쉬하며 금융 문맹을 조장하는 경향이 있던 것은 사실이다. 가계 자산에서 부동산이 비정상적으로 높은 비중을 차지하며, 주식 투자를 도박과 동일시하고 불로 소득을 죄로 여기는 풍토가 있었다. 오직 노동과 저축만을 최고의 미덕으로 여기었다. 이는 사농공상士農工商 유교 문화적 배경과 수준 높은 금융 교육 부재의 영향이 크다. 그나마 고무적인 것은 코로나19 팬데믹을 비롯한 여러 블랙 스완을 거치며, 지금은 한국 사회가 금융 문맹에서 벗어나고자 하는 의지가 충만하다는 것이다.

> "문맹은 생활을 불편하게 하지만 금융 문맹은 생존을 불가능하게 한다."

전 연방준비제도이사회Federal Reserve Board, FRB 의장 앨런 그린스펀Alan Greenspan이 남긴 말이다. 실로 그렇다. 우리는 커피를 맛있게 볶는 방법, 양자 역학, 르네상스 미술사를 알지 못해도 사는 데 전혀 지장이 없다. 그러나 돈에 무지한 대가는 가혹하다. 평생

힘들게 일해 모은 자산이 증발하거나, 한순간에 벼락거지가 될 수 있다. 또는 은퇴 이후의 삶을 대비하지 못해 비참한 노후를 보내거나, 자식세대에 가난을 대물림할 수도 있다.

돈의 무서운 점 중 하나는 본인의 의지와는 무관하게 모두가 예측 불가능한 시나리오에 강제로 참여해야 한다는 것이다. 중국 우한에서 발생한 바이러스가 전 세계적으로 전례 없는 양극화를 초래할지 누가 예측했겠는가? 인플레이션inflation과 금리 인상이 이토록 파괴적인 결과를 초래할지 누가 제대로 알았는가? 이는 분명 코로나19 팬데믹 이후 벼락부자가 된 자나 벼락거지가 된 자 모두 정확히 예측하지 못한 변수다.

지금 이 순간에도 우리의 삶에 경제적 영향을 미칠 수많은 변수가 지구 저 건너편에서 조용히, 그리고 급작스럽게 발생하고 있다. 이 변수들로 향후 시나리오가 희극이 될지, 비극이 될지는 아직 아무도 모른다. 다만 내가 장담할 수 있는 것은 돈에 무지한 사람은 그때도 비극의 주인공이 될 가능성이 높다는 것이다.

# 자본주의는 유익한 사기다

오늘날 우리는 자본주의 체제 속에 살고 있다. 그러나 자본주의의 정의, 발전 과정, 작동 방식, 문제점 등을 잘 알고 있는 사람은 생각보다 많지 않다. 돈을 제대로 알기 위해서는 자본주의를 이해하는 것이 필수다.

자본주의는 개인이 자본을 소유하고 이윤을 추구하는 생산활동이 가능한 경제 체제다. 여기서 '자본'은 '돈'과 구분되는 개념이다. 자본은 생산을 위해 투자되는 돈 혹은 돈으로 치환할 수 있는 경제적 가치를 지닌 재화 및 자원이다. 예컨대 진시황이 무덤에 묻은 보물은 자본이 아니다. 반면 빵집 주인이 재산을 투자해

구비한 오븐은 자본이다. 또한 비생산적인 피라미드 건설에 막대한 자원을 쏟은 이집트 파라오는 자본가가 아니다. 그러나 월급을 받고 꼬박꼬박 주식형 ETF[Exchange Traded Fund, 상장지수펀드]를 사는 공장 노동자는 자본가다.

## 자본주의의 태동과 커지는 세계의 파이

● ● ●

자본주의가 본격적으로 태동하기 전인 근대 이전에는 세계의 파이는 한정된 것처럼 보였다. 파이를 키우기 위해서는 전쟁과 약탈을 하는 것이 효과적이었지만, 한쪽이 이득을 보면 나머지는 손해를 보는 제로섬 게임이었기 때문이다. 무엇보다도 당시 우리의 조상들은 파이를 키우고 이윤을 재투자하는 일에 관심을 두지 않았다. 파이 크기의 한계가 정해져 있고 계급이 고착화되었기 때문에 이윤을 추가적인 생산 활동에 쏟을 필요가 없었다. 그래서 당시의 부자들은 과시적인 소비에 집중하며 큰 연회를 열고, 종교 단체를 후원하고, 거대한 건축물을 건설하는 일에 주로 돈을 썼다.

그러나 '신용'이 창조되고 이윤이 생산 증대에 재투자되어야 한다는 논리가 지지를 받으면서, 세계의 파이는 급격하게 커지기 시작했다. 신용은 채무자가 제때 알맞은 금액을 지불하거나 부채를 상환할 수 있다는 신뢰를 바탕으로 한다.

오늘날 신용에 기반한 금융 시스템에 유의미한 영향을 준 것은 중세 시대 유럽의 금 세공업자들이다. 당시 금 세공업자들은 고객들이 금을 맡기면 화폐처럼 거래되는 금 보관증을 내어주었는데, 맡긴 금을 찾아가는 고객이 많지 않았다. 그래서 그들은 잔꾀를 냈다. 고객들이 맡긴 금의 일부를 타인에게 대출해준 뒤, 대출 이자로 발생한 이윤의 일부를 예치자들에게 돌려주고 차익을 챙기는 방식을 고안한 것이다. 가만히 앉아서 돈을 벌 수 있는 상상의 금광을 발견한 순간이었다.

금 세공업자들이 신용을 창조하는 방식을 구체적으로 설명하면 다음과 같다. 금 세공업자 A는 보관하던 금 100 중에서 90을 대출해준다. 금 90을 대출받은 사람은 80을 사업에 활용하고 10을 다른 금 세공업자 B에게 맡긴다. 금 10을 받은 금 세공업자 B는 다시 9만큼을 다른 사람에게 대출해준다. 이 과정이 반복되면 100의 가치를 지녔던 금이 시중에 풀린 양은 최대 10배까지 늘어날 수 있다. 이것은 오늘날 은행이 지급 준비율로 통화를 조절하며 예대마진(대출 금리와 예금 금리의 차)으로 이윤을 내는 방식과 유사하다. 은행 계좌에 실제로 그만한 돈이 없다는 사실을 처음 접하면, 금융 시스템이 폰지<sup>ponzi</sup> 사기(신규 투자자의 돈으로 기존 투자자에게 이자나 배당금을 지급하는 방식의 다단계 금융 사기)인 것처럼 느껴질 수 있다. 그러나 이 폰지 사기 덕분에 인류가 바다에 배를 띄우고, 철도를 깔고, 숱한 기술 혁신을 바탕으로 고도화된 현대 문명을 구축할 수 있었다는 점을 우리는 인정할 필요가 있다.

미래에 대한 낙관주의 역시 파이를 키우는 데 일조했다. 근대에 들어 과학 혁명이 발발하고 유럽 제국주의가 번성하면서 세계는 빠르게 진보했다. 과학이 보여준 놀라운 가능성과 신대륙의 발견은 미래가 지금보다 개선될 것이라는 기대감을 심어주기에 충분했다. 이러한 낙관주의는 파이의 개념을 완전히 바꾸어 버렸다. 파이의 크기는 한정된 것이 아니라 얼마든지 커질 수 있다고, 그것도 전 지구적으로!(오늘날 파이의 개념은 지구를 넘어 우주로 확장되었다.) 일단 파이가 커지면 모두가 질적으로 개선된 삶을 누리고 행복해질 수 있다는 당시 낙관주의자들의 순진한 믿음이었다.

또한 상인이 새로운 엘리트 계층으로 득세하면서 미래에 대한 낙관주의는 더욱 공고해졌다. 과시적인 소비에 돈을 탕진하던 전통 귀족과는 달리, 상인은 각종 금융 장치를 활용해 돈을 불리고 이윤을 생산에 재투자하는 데 능했다. 상인은 경제 성장이라는 슬로건을 외치며 자본주의 체제의 핵심 지배 세력으로 부상하는 데 성공했다. 큰 부를 쌓은 상인은 경제 성장에 기여한 영웅으로 존경받으며 전례 없는 영향력을 발휘했다. 상인을 추앙하는 경향은 오늘날에도 유효하다.

## 자본주의의 문제점

• • •

신용과 낙관주의, 그리고 경제 성장이라는 신화를 주창한 상인 계급의 부상이 없었다면 자본주의는 이토록 빠르게 자리 잡지 못했을 것이다. 문제는 자본주의가 파이의 크기를 키우는 데는 주효했지만, 파이의 '충분함'을 가늠하고 적절히 분배하는 데는 별 효과가 없었다는 것이다. 자본주의는 사람들로 하여금 현재에 안주하지 말고 더 나은 미래를 위해 생산과 소비를 멈추지 말 것을 지시한다. 자본주의는 "이만하면 충분해, 이제 쉬자"라고 말하는 법이 없다. 자본주의하에서는 경제 성장이라는 목적지를 향한 질주가 쉴 새 없이 계속되어야 한다.

불평등도 자본주의가 능숙하게 해결하지 못한 문제 중 하나다. 『세계불평등보고서 2022』에 따르면, 지난 100년간 경제적 불평등은 점진적으로 심화되어왔다. 오늘날 상위 10%가 전 세계 부의 76%를 차지하는 반면, 하위 50%는 전 세계 부의 고작

2%를 차지한다. 상위 10%는 평범한 사람들과 자신들을 구분 지으며 호화로운 생활을 즐기고 있다. 반면 지금도 지독한 가난으로 굶어 죽는 아이들과 실직해서 거리로 내몰린 노숙자들이 존재한다. 지구 한편에서는 너무 많이 먹어 비만으로 죽는 사람이 있지만, 반대쪽에서는 먹을 것이 없어 굶어 죽는 사람이 존재하는 것이다. 이러한 냉혹한 현실은 일단 파이를 키우고 나면 모두가 과거 대비 풍요로운 삶을 살 것이라고 믿었던 낙관주의자들이 약속한 미래가 분명 아니다.

열심히 일하는데도 왜 살림살이가 좀처럼 나아지지 않을까? 자본주의 체제를 살아가는 노동자 계층이라면 한 번쯤 이런 생각을 해본 적이 있을 것이다. 『21세기 자본』의 저자 토마 피케티 Thomas Piketty는 단순한 수식으로 이 문제의 해답을 명쾌하게 제시했다.

r(자본 수익률) > g(경제 성장률)

즉, 역사적으로 자본 수익률이 경제 성장률보다 높았으며 이는 심각한 불평등을 야기한다는 것이다. 일반 노동자의 근로 소득 상승률이 자본가가 임대 소득, 투자 소득, 배당 소득 등으로 벌어들이는 자본 소득 상승률을 초과하는 것이 불가능에 가까운 이유다.

'자본주의 체제에서는 돈이 돈을 번다' '월급쟁이는 결코 부자가 될 수 없다'라는 규칙을 모두가 알고 있다. 그러나 대부분의 노동자 계층은 이 규칙을 알고도 제대로 실천할 엄두를 내지 못한다. 왜냐하면 그들은 긴 노동 시간, 부채 상환 부담, 낮은 근로 소득, 금융에 대한 무지와 같은 요인 때문에 충분한 자본을 형성하고 자본가로 거듭날 여유가 없기 때문이다. 물론 예외적으로 노동자에서 자본가로 변신하고 계급 상승을 실현한 사례들이 있다. 그러나 예외가 원칙이 될 수는 없는 법이다.

이 시점에서 우리가 진지하게 고민해보아야 할 문제가 있다. 자본주의 덕분에 인류의 삶이 진보했는가? 경제적 관점에서 보자면 그렇다. 월드뱅크World Bank, WB, 세계은행에 따르면, 2020년 세계 GDPGross Domestic Product, 국내총생산는 약 85조 달러로, 이는 1960년 1조 4,000억 달러 대비 약 61배 성장한 것이다. 마찬가지로 2020년 세계 1인당 GDP는 1만 918달러로, 이는 1960년 457달러 대비 약 24배 성장한 수준이다. 60년 만에 파이의 크기와 개인이 가져가는 몫이 비약적으로 증가한 것이다. 덕분에 우리는 조상들보다 물질적으로 훨씬 풍요로운 삶을 영위하고 있다. 이는 자본주의가 선물한 번영 덕분이다.

하지만 사려 깊은 지식인들은 일찍이 자본주의의 문제점을 파악하고는 비판의 날을 세웠다. 앞서 언급한 불평등 말고도 자본주의는 인간 소외를 야기했다. 자본주의와 인간 소외 문제를 칼 마르크스Karl Marx보다 치열하게 고민한 사람은 많지 않을 것이다. 칼 마르크스는 다음과 같은 말을 남겼다.

> "그대의 존재가 적으면 적을수록, 그대의 삶을 덜 표출할수록, 그만큼 그대는 더 많이 소유하게 되고, 그만큼 그대의 소외된 삶은 더 커진다."

돈의 정의를 다시 한번 상기해보자. 돈은 실존하지 않는 인간이 창조한 픽션이다. 따라서 돈은 인간의 실존을 보조하기 위한 수단이어야 마땅하다. 그러나 경제 성장과 돈을 맹목적으로 추앙하는 자본주의는 돈과 인간의 주종 관계를 바꾸어버리기도 한다. 즉, 인간을 돈의 노예로 만드는 것이다. 물신 숭배, 배금주의(돈을 최고의 가치로 여겨 삶의 목적을 돈에 두는 주의), 천민자본주의(생산 활동으로 영리를 추구하지 않고, 고리대금업과 같은 자본 운영으로 이윤 추구하는 것을 기본적인 형태로 삼는 자본주의)의 현상은 이와 같은 자본주의의 어두운 면을 나타낸다. 일부 철학자들이 "자본주의 사회를 살아가는 현대인들은 풍요로운 결핍의 시대에 살고 있다"고 진단하는 이유다.

나는 자본주의를 전면적으로 옹호하거나 부정하고 싶지 않다. 왜냐하면 자본주의를 비판하는 사람들이 제기하는 문제의식에 적극 공감하지만, 대안으로 제시된 공산주의와 비교하면 아직까지는 자본주의가 많은 부분에서 낫다고 생각하기 때문이다. 그러나 나는 이 점을 분명히 해두고 싶다. 자본주의는 사기다. 너무나 정교하게 설계된 유익한 사기. 세계는 자본주의의 손을 들어주었고, 우리는 좋든 싫든 이 질서에서 결코 벗어날 수 없다. "피할 수 없다면 즐겨라." 이것이 거대한 사기로 받는 피해를 최소화하기 위해 우리가 가져야 할 태도가 아닐까?

# 돈이 꽃피는 나무

경제적 자유에 대해 세계적인 부자 워런 버핏<sup>Warren Buffett</sup>이 남긴 말이 있다.

"잠자는 동안에도 돈이 들어오는 방법을 찾아내지 못한다면
당신은 죽을 때까지 일을 해야만 할 것이다."

일하지 않아도 일정한 현금 흐름이 발생하는 파이프라인을 구축하는 것, 향기 없는 노동의 굴레에서 벗어나는 것, 타인의 간섭을 받지 않고 시간을 자율적으로 통제하는 것, 최대한의 자유

를 실현하며 사는 것이 경제적 자유의 정의라 할 수 있다.

노동 소득만으로는 경제적 자유를 실현하기 어렵다는 점은 이제 주지의 사실이다. 특히 나이가 어릴수록 노동 소득을 높이는 것에 큰 관심이 없는 경향이 있다. 수많은 MZ세대에게 회사는 월급을 받기 위해 시간과 감정을 파는 곳일 뿐이다. 그들의 경제적 관심사는 회사에서 인정받고 출세하는 것보다는 사업이나 사이드 프로젝트side project(생업 외 자신이 좋아하고 지속적으로 하고 있는 일) 혹은 투자다. 실제로 회사 밖에서 경제적 자유를 실현한 평범한 사람들의 이야기가 연일 미디어를 장식한다. '할 수 있다'는 긍정의 찬가가 울려 퍼지면서 젊은 사람들은 안정적인 노동 소득을 포기하고 퇴사하는 것을 대수롭지 않게 여긴다.

그런데 많은 사람이 간과하는 사실이 있다. 일하지 않고도 돈을 버는 시스템을 구축하기 위해서는 생각보다 많은 시간과 인내, 그리고 운이 필요하다는 점이다. 왜냐하면 이것은 정답이 없기 때문이다. 경제적 자유를 달성한 사람들은 각자 저마다의 방식으로 인생의 서사를 써 내려가기 때문에 이는 참고지일 뿐 결코 해답지가 될 수 없다. 그러므로 누군가 버블티 사업으로 큰 부를 거머쥐었다고 해서, 심사숙고하지 않고 동종 업계 창업을 하는 것은 바보 같은 짓이다. 마찬가지로 누군가 암호화폐로 경제적 자유를 달성하고 퇴사했다고 해서, 섣불리 자신이 이해하지 못하는 자산에 큰돈을 투자하는 것 역시 무모한 일이다.

노동 소득 외 현금 흐름 파이프라인을 형성하는 것은 마치 돈이 꽃피는 나무가 자라는 과정과도 같다. 땅에 뿌려진 씨앗은 본래 보잘것없이 하찮은 존재지만, 병충해의 위협을 이겨내고 자라서 묘목이 된다. 사계절 순환의 반복 속에서 가까스로 성장한 묘목은 더 이상 겨울이 두렵지 않게 된다. 그리고 어느새 튼튼한 뿌리와 줄기를 가진 나무가 되어 아름다운 꽃을 피운다. 마찬가지로 돈이 꽃피는 나무 역시 각고의 시련을 동반하며 오랜 인내 끝에 탄생한다.

돈이 꽃피는 나무를 키우는 것은 분명 상당한 시간이 필요한 일이다. 그러나 한번 튼튼하게 뿌리를 내린 나무는 관리에 큰 신경을 쓸 필요가 없듯이, 돈이 꽃피는 나무 역시 궤도에 오르면 별다른 노력과 시간을 들이지 않아도 일정한 현금 흐름이 발생한다.

그런데 만약 당신이 하고 있는 특정 사업 혹은 투자처에 각별한 관심과 과중한 시간 투입이 지속적으로 필요한데, 이것이 초기에 발생하는 문제가 아니라 구조적인 문제라면? 그렇다면 진지하게 고민해보자. 지금 하고 있는 일이 돈이 꽃피는 나무를 키우는 과정인지, 밑 빠진 독에 물 붓기인지를 말이다.

다음의 사례를 보자. A는 유명 도넛 가게를 경영하는 사장이다. A는 가게 매출을 올리기 위해 거의 매일 출근한다. 아르바이트생이 결근하고 대체 근무자를 찾지 못하는 날이면 A는 아침 일찍 매장에 나와 하루 종일 일해야 한다. A는 남한테 일을 못 맡기는 성격이라 항상 본인이 직접 가게 운영 전반을 신경 쓴다. 실제로 A가 자리를 비우는 날이면 가게 매출은 눈에 띄게 줄어든다. 디저트 소비 유행에 따라 가게 매출도 들쭉날쭉한 편이다. 도넛 가게 사업과는 별개로, A는 무리하게 대출을 받아 상가 부동산에 투자했다. 하지만 코로나19 팬데믹 사태 이후 A가 보유한 상가 공실률이 높아지면서 현금 흐름이 악화되었다. A는 도넛 가게 운영과 부동산 관리 문제에 전전긍긍하며 항상 불안해한다.

B는 A의 가게에서 일하는 직원이다. B의 월급은 사장인 A 대비 현저히 낮은 편이다. 그러나 B는 월급 외에도 다양한 현금 흐름 파이프라인이 있다. 사진 찍는 데 재주가 있는 B는 디저트 맛집을 찾아다니는 인플루언서로, 10만 명 이상의 팔로워를 보유한 B의 SNS 계정은 나름의 팬덤을 형성하고 있다. B는 인플루언서 광고비로 버는 돈이 월급보다 많음에도 도넛 가게를 그만두지 않는다. 왜냐하면 아직은 일정한 노동 소득이 필요하거니와, 도넛 가게에서 일하는 것이 고되지 않고 SNS 계정 운영과도 연관성이 높기 때문이다. B는 그렇게 번 돈을 리츠<sup>Real Estate</sup>

Investment Trusts, REITs, 부동산 투자 신탁와 배당주 ETF에 꾸준히 투자했고, 이제는 적지 않은 금액이 일정한 주기로 그의 통장에 입금된다. 도넛 가게에서 일하기 위해 너무 많은 것을 희생해야 한다는 생각이 드는 순간이 온다면, B는 미련 없이 직장을 그만둘 것이다. 그는 언젠가 자신만의 주특기를 살린 디저트 가게를 창업할 계획이 있다.

A와 B, 둘 중 누가 돈이 꽃피는 나무를 키운다고 할 수 있을까? 당연히 B다. 당장의 노동 소득과 자산은 A가 B보다 많을 수 있다. 그러나 B가 시간을 독립적으로 사용하고 꾸준하게 현금 흐름을 창출할 수 있는 파이프라인을 구축하고 있다는 점에서 A보다는 B가 경제적 자유를 달성한 모습에 가깝다.


돈이 꽃피는 나무는 고용주나 고객, 혹은 돈을 버는 행위 자체에 시간을 팔지 않고도 돈을 벌 수 있는 매개체다. 이 매개체는 누군가에게는 사업체, 누군가에게는 배당주, 누군가에게는 부동산의 형태를 띨 수 있다. 현업에서 은퇴하기 전까지 돈이 꽃피는 나무를 키워내지 못한다면, 워런 버핏의 말처럼 인생이 참으로 고달파질 수 있다.

# 좋은 부채와 나쁜 부채

'부채' 하면 연상되는 키워드는 빚쟁이, 빚더미, 이자 폭탄, 신용 불량 등이 있는데, 다소 부정적인 뉘앙스를 풍긴다. 그렇다면 부채는 꼭 나쁜 것일까? 아니다. 오히려 부채를 적절히 다루지 못하면 돈과 친구가 되기 어렵다. 신용 창조에 기반한 현재의 자본주의와 금융 시스템이 부채와 긴밀하게 엮여 있기 때문에 어떻게 활용하는지에 따라 부채는 '약'이 될 수도 '독'이 될 수도 있다.

# 부채의 정의

• • •

부채란 무엇인가. 부채는 빌린 돈이다. 돈을 빌려준 사람은 채권자, 돈을 빌린 사람은 채무자다. 채권자는 빌려준 돈을 못 받을 위험이 있기 때문에 채무자를 깐깐하게 심사할 필요가 있다. 이때 심사의 기준이 되는 것은 크게 담보와 신용이다. 채무자가 담보를 제공하면 담보 대출이 되고, 담보 없이 채무자의 신용만으로 대출이 발생하면 신용 대출이 된다. 일반적으로 담보 대출이 신용 대출보다 안전하기 때문에 금리가 낮은 편이다. 또한 신용 대출은 채무자의 신용 등급이 높을수록 채무 불이행 위험이 낮다고 간주해 금리가 낮은 편이다.

부채는 우리 일상 어디에나 있다. 예를 들어 은행이 시중에 돈을 더 풀거나 기업이 사업 확장을 위해 채권을 발행하는 것은 부채와 연관이 있다. 개인이 주식 레버리지 투자를 하거나 집을 마련할 때 은행에서 주택 담보 대출을 받는 것 역시 부채와 관련이 있다. 또한 우리가 매일 사용하는 신용 카드도 부채다. 이처럼 우리는 거대한 돈의 실타래에 얽혀 서로가 서로에게 채권자와 채무자 역할을 동시에 수행하고 있다.

부채를 현명하게 활용하기 위해서는 자산과 자본의 개념을 구분하고 이자와 금리에 대해 이해하고 있어야 한다. 복잡한 회

계학 용어를 배제하고 쉽게 설명하자면, 자산은 내 돈(자본)과 남의 돈(부채)을 합친 것이고, 자본은 부채가 아닌 순수한 자기 돈이다.

부채는 이자를 발생시키므로 채권자 입장에서는 수익이지만, 채무자 입장에서는 비용이다. 금리에 따라서 이자는 변동하므로 금리가 상승하면 채권자에게 유리하지만, 채무자에게는 불리하다. 반대로 금리가 하락하면 채권자에게 불리하지만 채무자에게는 유리하다.

자산이 50억 원대인 자산가가 있다고 가정해보자. 과연 그는 부자일까? 아니다. 자산의 규모만으로는 쉽게 판단할 수 없다. 왜냐하면 부채 비율(총 자산에서 빌린 돈이 차지하는 비중)과 현금 흐름에 따라 판단이 달라질 수 있기 때문이다. 만약 자산의 대부분이 건물인데 부채 비율이 90%가 넘고, 투자 원가 대비 높은 가격에 판매하는 것을 기대하기 어려우며, 높은 금리로 이자 비용을 감당하기 버거운 현금 흐름 상태라면 사실상 그를 부자라고 보기 어렵다.

결국 부자를 결정짓는 기준은 부채를 포함한 자산이 아니라 자기 돈이 얼마나 있는지가 되어야 마땅하다.

# 좋은 부채와 나쁜 부채

...

좋은 부채와 나쁜 부채를 구분하는 방법은 다음과 같다. 좋은 부채는 채무자가 이자 비용을 여유롭게 통제할 수 있고, 시간이 지날수록 현금 흐름을 개선시킨다. 즉, 빌린 돈이 생산적인 목적으로 활용되어 돈을 버는 데 쓰인다. 예를 들어 채무자가 3% 대출 금리에 자금을 조달해 5% 수익형 부동산에 투자한다면 (투자한 자산의 가격이 일정하다는 가정하에) 2%의 차익을 얻어 돈을 번 셈이다. 혹은 주머니 사정이 여의치 않은 학생이 학자금 대출을 받고 학위를 따는 경우, 졸업 후 인생을 보는 그의 시야가 넓어지고 수준 높은 경제 활동을 하는 사회인이 된다면, 학자금 대출 또한 좋은 부채라 할 수 있다.

반면 나쁜 부채는 채무자가 이자 비용을 통제하기 어렵고, 시간이 지날수록 현금 흐름을 악화시킨다. 대표적인 것이 사치품 소비. 누군가 대출을 받아 명품 및 외제차 같은 사치품을 구매하면 당장은 좋을 수 있지만, 달콤한 소비의 즐거움이 끝난 후에는 피땀 흘려 부채를 갚아야 한다. 또한 레버리지 투자에 실패해서 투자 자산의 가격이 하락하고 이자 비용을 감당하기 어려운 경우도 있는데, 이 또한 나쁜 부채의 사례. 빚내서 투자하지 말라는 데는 다 이유가 있다.

요약하자면, 좋은 부채는 남이 (혹은 돈이) 빚을 대신 갚아주고, 나쁜 부채는 채무자가 스스로 빚을 갚는다. 좋은 부채는 시간이 지날수록 채무자의 주머니를 두둑하게 하는 반면, 나쁜 부채는 채무자의 주머니에서 돈이 줄줄 새게 만든다. 일반적으로 교육을 위한 부채는 긍정적인 경우가 많고, 사업 및 투자를 위한 부채는 긍정적일 수도 있고 부정적일 수도 있으며(사업 및 투자의 성공 여부와 금리가 중요한 변수다), 소비를 위한 부채는 대체로 부정적이다.

모든 것에는 대가가 따른다. 남의 돈은 결국 비용을 치르고 언젠가 갚아야 한다. 따라서 부채를 질 때에는 신중하게 판단하고 결정해야 한다. 부채는 현명하게 활용하면 부의 파이를 팽창시킬 지렛대 역할을 할 수 있지만, 잘못 사용하면 채무자를 곤경에 빠뜨리고 심지어 파산의 늪에 빠뜨릴 수 있다. 내가 보기에 남의 돈을 빌리는 것을 대수롭지 않게 생각하는 사람은 대부분 후자에 속하는 경우가 많다. 이는 돈과 친해지기에 앞서, 돈의 무서움(특히 부채)을 먼저 인지해야 하는 이유다.

# 남들은 돈에 대해
# 어떻게 생각할까

    남들은 돈에 대해 어떻게 생각할까? 이 질문의 답을 얻기 위해 주변에 설문 조사를 실시해 결과를 분석해보았다. 결과는 무척 흥미로웠다. 저마다 가치관과 상황에 따라 상이한 답변을 했지만, 공통적으로 발견되는 경향도 분명 존재했기 때문이다. 일일이 이름을 열거하기 어렵지만 설문 조사에 응답해준 모든 분에게 진심 어린 감사함을 표한다.

    설문 조사의 유형은 두 가지로 구분된다. 아직 경제적 자유를 달성하지 못해 돈을 더 벌어야 하는 99%의 평범한 사람을 대상으로 한 것과 이미 경제적 자유를 얻은 1%의 부자를 대상으로 한 조사다. 지금부터 각 유형별로 진행한 설문 조사와 그 결과를 살펴보자.

## 평범한 사람들이 생각하는 돈

• • •

99%의 평범한 사람을 대상으로 진행한 설문 조사에는 다음의 문항들이 포함되었다.

- 나에게 돈이란
- 돈으로 행복을 살 수 있다고 생각하는지
- 돈으로 살 수 없는 것들에 대한 본인의 생각
- 돈을 많이 벌고 싶다면 그 이유가 무엇인지
- 돈을 많이 벌고 싶다면 이것을 실현하기 위해 현재 본인이 하고 있는 것
- '충분한' 수준의 돈이 얼마인지
- 본인이 생각하는 부자의 정의
- 돈이 많아지면 희생해야 하는 것들에 대한 생각
- 큰돈이 생기면 무슨 일을 하고 싶은지
- 큰돈이 생기면 어떻게 소비하고 싶은지

일반적으로 사람들이 생각하는 돈에 대한 인식은 '행복' '힘' '기회' '안전' '자유'와 같은 키워드와 관련이 깊었다. 또한 돈이 행복의 필요조건이지만 충분조건은 아니라는 점에 대부분 동의했다. 돈으로 살 수 없는 것은 '건강' '사람' '인격' '시간'과 같은 키워드와 연관이 깊었다.

돈을 많이 벌고 싶은 이유는 '갑작스러운 불행에 대비하고 노후 걱정 없이 안락한 삶을 향유하기 위해서' '돈의 속박에서 벗어나 자유로워지고 싶어서' '소중한 사람들과 기쁨을 나누고 싶어서'라는 답변이 가장 많았다. 돈을 벌기 위해서 하고 있는 일은 노동과 저축, 그리고 투자를 한다는 것이 가장 많은 답변이었고, 본업과 사이드 프로젝트를 병행하는 경우도 있었다.

한편 사람마다 생각하는 '충분한' 수준의 돈의 범위가 천차만별이라는 점은 인상적이었다. 1조 원을 희망하는 사람이 있는가 하면, 주거 문제가 해결되고 월 100만 원 정도 생활비만 고정적으로 벌 수 있다면 만족할 수 있다는 사람도 있었다. 몇몇 극단적인 경우를 제외하면, 대체로 사람들은 수십억 원 정도를 충분한 수준의 돈으로 정의하는 듯했다. NH투자증권이 시행한 〈2022 대한민국 상위 1% 보고서〉를 참고했을 때 한국 상위 1% 가구의 순 자산이 29억 원이라는 점을 고려하면, 대부분의 사람은 1%의 삶을 지향하며 항상 돈이 부족하다고 느끼는 셈이다.

평범한 사람들은 부자들에 대해 어떻게 생각할까? 부자들은 시간을 독립적으로 쓸 수 있고, 물질적으로나 심적으로 여유가 있으며, 노동 소득 없이 자본 소득만으로도 먹고살 수 있다는 데 이견이 없었다. 그리고 사람들은 직접 경험을 해보지 않았음에도 대인 관계나 불안감 등과 같은 부자들의 고충도 어느 정도는 공감하고 있었다.

만약 본인이 부자가 되면, 무용하지만(돈이 되지 않지만) 하고 싶은 일을 마음껏 하며 인생을 즐길 것이라는 답변이 많았다. 또한 돈이 많아지면 처음에는 본인과 가족을 위해 쓰겠지만, 이후에는 어떤 방식으로든 사회에 환원할 생각을 가진 경우가 많았다.

여기까지가 돈에 대한 평범한 사람들의 일반적인 생각이다. 독자들이 공감하는 부분도 있고 아닌 부분도 있을 것이다. 분명한 것은 모두가 돈에 대한 크고 작은 결핍이 있고 지금보다 돈이 많아지기를 바란다는 것이다. 그런데 사람들이 평균적으로 희망하는 '충분한' 수준의 돈은 수십억 원으로, 대부분은 달성하기 어려운 금액이다. '행복도'는 가진 것을 바라는 것으로 나눈 결괏값이다. 이 공식을 현실에 대입시키면, 왜 전례 없는 수준으로 풍요로운 생활을 영위하고 있는 현대인들이 돈에 이토록 집착하고, 불안감을 느끼고, 불행을 느끼는지에 대한 해답을 얻을 수 있다.

# 부자들이 생각하는 돈

• • •

자, 그렇다면 상위 1% 부자는 돈에 대해 어떻게 생각할까? 설문 조사에 답변한 사람들은 경제적 자유를 얻은 다양한 부류(자수성가해서 늦은 나이에 부자가 된 사람, 암호화폐 투자로 한순간에 부자가 된 청년, 원래 금수저였던 귀족, 개인 투자자, 사업체를 경영하고 있는 기업가 등)로 구성되어 있다. 이들은 모두 순 자산이 100억 원이 넘는 것으로 추정된다. 부자들을 대상으로 진행한 설문 조사에는 다음의 문항들이 포함되었다. 기존의 평범한 사람들을 대상으로 한 설문 조사 문항과 전반적으로 유사하지만 일부 다른 부분이 있다.

• 나에게 돈이란

• 처음으로 본인이 경제적 자유를 얻었다고 생각했을 때가 언제이며, 그때의 소감

• 돈으로 행복을 살 수 있다고 생각하는지

• 예전보다 돈이 많아져서 불행을 느낀 적이 있는지

• 돈으로 살 수 없는 것들에 대한 본인의 생각

• 돈을 지금보다 더 많이 벌고 싶다면 그 이유가 무엇인지

• 돈을 지금보다 더 많이 벌고 싶다면 이것을 실현하기 위해 현재 본

인이 하고 있는 것

- '충분한' 수준의 돈이 얼마인지
- 본인이 생각하는 부자의 정의
- 행복한 부자와 불행한 부자를 구분하는 요소가 무엇이라고 생각하는지
- 돈이 많아지면 희생해야 하는 것들에 대한 생각
- 남들은 모르는 부자들의 고충
- 만약 재산을 사회에 환원하고 싶다면, 이에 대한 구체적인 생각

우선 돈에 대한 전반적인 부자들의 인식은 평범한 사람들과 유사했다. 돈은 많은 것을 가능하게 만들어주는 유용한 도구이지만, 행복의 충분조건이 될 수 없다는 점에 부자들도 동의했다. 또한 부자들은 돈으로 살 수 없는 다양한 무형의 가치가 존재한다는 것을 인정하며, 이것을 희생해가면서까지 돈을 좇는 것을 지양했다.

이미 충분한 돈이 있음에도, 부자들이 더 많은 돈을 벌고 싶은 이유는 '보다 큰 규모로 사업을 하거나 사회 공헌 활동을 하고 싶어서'라는 답변이 지배적이었다. 혹은 순전히 돈 버는 행위 그 자체에서 만족감과 성취욕을 느끼는 경우도 있었다.

자수성가를 하고 경제적 자유를 얻기까지의 과정이 순탄치

않았던 사람일수록 부자로 사는 것에 만족감이 높았다. 과거보다 돈이 많아져서 불행을 느낀 사람은 거의 없었지만, 일부 젊은 부자는 허무, 권태, 외로움을 호소하기도 했다. 이럴 경우 우울증에 시달리고 소비, 섹스, 약물 등과 같은 즉각적인 쾌락을 보장하는 것에 중독되는 경우가 있었다. 충분한 준비가 되지 않은 상태에서 너무 어린 나이에 돈이 많아지는 것이 어쩌면 인생에 독으로 작용할 수 있음을 시사하는 대목이다.

부자들은 과한 탐욕을 부리고 돈의 노예가 되는 것을 공통적으로 경계했다. 돈을 수단으로만 활용할 뿐 인생의 목적으로 삼는 것을 지양하는 것이다. 남들보다 많이 가진 것에 책임감을 느끼고 노블레스 오블리주를 실천하려는 태도 역시 부자들의 공통점이었다. 특히 투명한 방식으로 돈을 사회에 환원하고 공공선을 증진하는 것에 관심이 많았다. 부자들은 돈을 버는 것뿐 아니라 어떻게 쓸지에도 상당한 고민을 한다는 것도 알 수 있었다.

한편 부자들이 꼽는 주된 애로 사항은 주변의 눈치를 살필 일이 많고, 책임져야 할 것이 많으며, 대인 관계에서 불편한 일이 생길 수 있다는 것이다. 또한 호의를 권리로 착각하는 사람들 때문에 피곤한 일이 생기기도 한다. 이 사람이 나에게 접근하는 것이 돈 때문인지 아닌지 판단이 잘 서지 않고, 워낙 돈 때문에 사람에게 실망하는 일이 잦아 누군가를 좀처럼 믿지 못하게 되는 것도 부자들의 고충이었다. 혹자는 "부자가 신뢰할 수 있는 자는 부자가 되기 이전에 친하게 지냈던 사람밖에 없다"는 말을 했는데 어떤 맥락에서 이런 말이 나왔는지에 공감이 간다.

이 글을 읽는 독자들도 돈에 관한 설문 조사를 한번 곰곰이 생각해보고 답해보기를 바란다. 읽고 생각하고 써보는 것은 생각을 정리하는 데 도움이 된다. 자신에게 돈이 어떤 의미인지, 돈을 많이 벌고 싶다면 무엇을 해야 하는지, 충분한 수준의 돈이 얼마인지, 돈을 많이 벌면 무엇을 하고 싶은지 등 말이다. 아마도 대부분의 독자는 아직 경제적 자유를 얻지 못한 상태일 것으로 예상한다. 적당한 돈의 결핍을 느끼며 부자를 동경하는 그런 상태일 것이다.

그렇다면 돈을 많이 벌고 부자가 되는 것이 과연 정답이 될 수 있을까? 앞서 살펴본 부자들을 대상으로 한 설문 조사만 보아도, 반드시 그런 것 같지만은 않다. 부자들은 모두 돈이 많아서 생기는 각자의 문제가 있다.

그렇다면 부자는 대체 어떤 사람일까? 부자의 그릇이 어떻게 만들어지고, 부자는 돈을 어떻게 벌고 쓰며, 부자로 사는 기쁨과 슬픔은 무엇일지 등을 다음 파트에서 확인해보자.

# PART 2

# 부자에 대한 단상

ABOUT MONEY

"

모든 사람이

부자가 되고 유명해져 보았으면 좋겠다.

그래야 그게 답이 아니었다는 것을 깨달을 테니까.

_ 짐 캐리

"

# 진짜 부자 vs. 가짜 부자

부자의 사전적 정의는 재물이 많아 살림이 넉넉한 사람이다. 그렇다면 재물이 많다는 기준은 무엇일까? 한국에서는 통상적으로 금융 자산 10억 원 이상을 보유한 자를 부자라 칭한다. KB 금융지주의 〈2022 한국 부자보고서〉에 따르면, 2022년 기준 한국 부자의 수는 42만 4,000명으로, 이는 전체 인구의 1%가 채 되지 않는 수준이다. 해당 보고서에 따르면, 부자들이 생각하는 부자의 최소 기준은 자산 100억 원이다. 100억 원 미만의 자산을 보유한 부자들은 자신을 부자라고 생각하지 않는다는 응답 비율이 높았다. 이를 종합했을 때 한국 사회에서는 자산이 최소 100억 원 이상은 되어야 진정한 부자로 인정받을 수 있는 듯하다.

부자들이 생각하는 부자의 정의는 어떨까?『돈의 속성』의 저자이자 수천억 원 규모의 자산을 보유한 김승호 회장은 부자를 '융자 없는 본인 소유의 집이 있고, 한국 가구 월평균 소득 541만 1,383원을 넘는 비근로 소득이 있으며, 더 이상 돈을 벌지 않아도 되는 욕망 억제 능력 소유자'로 정의한다.

한편 유럽의 워린 버핏으로 불리는 위대한 투자자 앙드레 코스톨라니Andre Kostolany는 부자를 '자기 자본을 가지고 자기가 원하는 바를 바로 행하는 데 그 누구의 간섭도 받지 않는 사람'이라고 정의한다. 즉, 부자들은 애써 일할 필요가 없으며 자기와 맞지 않는 것에 맞추어가며 살아야 하는 불편함 없이 자신의 호사스러움을 즐길 수 있다고 말한다.

우리 인생에서 정말로 중요한 것은 숫자로 나타낼 수 없다. 이는 부자를 정의할 때도 그대로 적용된다. 100억 원을 가진 자가 더 많이 가진 사람과 비교하며 불행을 느끼고, 시간을 마음대로 쓰지 못하며, 충만함을 느끼지 못한다면 그를 부자로 보기는 어렵다. 반대로 그보다 훨씬 적게 가진 자라도 안분지족安分知足하고, 시간을 마음대로 쓰며, 여유가 넘친다면 그는 부자로 불릴 자격이 있다. 결국 재산의 많고 적음뿐 아니라 통계적으로 측정할 수 없는 다양한 기준(스스로 정의한 '충분한' 수준의 부, 교양, 인적 네트워크, 여유, 시간 등)을 충족한 자가 진짜 부자인 셈이다.

## 진짜 부자의 특징

• • •

진짜 부자는 돈에서 자유로운 사람이다. 주지하고 싶은 사실은 돈에서 자유롭다는 것이 가진 재산이 매우 많아 생계 걱정을 할 필요가 없다는 뜻은 아니라는 점이다. 돈에서 자유롭다는 것은 돈과 관련된 문제에 거의 영향을 받지 않는 상태를 의미한다. 돈이 없어서 생기는 경제적 문제가 심각한 것은 사실이지만, 돈이 있어서 생기는 심리적 문제 역시 결코 만만하지 않다. 진짜 부자에게 돈은 이제 더 이상 중요한 삶의 지표가 아니다. 그는 홀가분한 마음으로 자유를 만끽하며 시간을 마음대로 쓴다. 절대적인 재산 규모가 넉넉하지 않은 사람도 이 경지에 도달할 수 있지만 이는 아주 소수에게만 허락된 은총이다. 『무소유』를 집필한 법정스님이 대표적인 예라 할 수 있다.

게다가 진짜 부자에게는 특유의 오라가 있다. 그는 경제 자본뿐 아니라 수준 높은 심리 자본(어떻게 생각하는가), 문화 자본(어떻게 즐기는가), 지식 자본(어떤 교육을 받았고 무슨 성취를 했는가), 신체 자본(어떤 외모 및 스타일을 가졌는가), 언어 자본(어떻게 말하는가), 사회 자본(누구와 어울리는가)을 가진 채, 절제된 매너와 우아함을 발산한다. 이처럼 세상을 대하는 방식과 태도를 통틀어 '아비투스 abitus'라고 하는데, 이는 돈뿐만 아니라 출신, 가족, 교육, 경력, 인적 네트워크 등을 통해 형성된다. 진짜 부자에게는 사회적으로 선망받는 고급의 아비투스가 있다.

정리하자면, 진짜 부자들은 일반적으로 다음과 같은 특징이 있다.

- 본인 재산의 정확한 규모를 모른다.
- 가급적 본인의 재산을 드러내지 않으려고 한다.
- 고급 아비투스에 기반한 다분히 배타적인 인적 네트워크를 형성하고 있다.
- 매사에 여유가 있다.
- 사치품 소비에 관심이 없다.
- 사람과 경험에 돈을 쓰는 것을 선호한다.
- 부의 이전과 더불어 사회 공헌을 고민한다.
- 시간을 독립적으로 사용한다.
- 돈을 마치 하나의 인격체처럼 존중한다.
- 타인과 비교하며 불안을 느끼지 않는다.

# 가짜 부자의 특징

● ● ●

반면 진짜 부자와 대비되는 가짜 부자도 있다. 가짜 부자는 부자처럼 보이고 싶은 사람, 갑자기 큰 재산을 형성한 졸부, 이제 막 상류 사회에 진입하려는 부르주아bourgeois 계급이 주를 이룬다. 가짜 부자는 재산을 형성하고 지키는 일에 능하지 않고, 돈을 존중하지 않고 가벼이 여기며, 사치로 부를 과시하는 습성이 있다. 게다가 가짜 부자는 진짜 부자 커뮤니티에 소속되어 진짜 부자와 자신을 동일시하기 위해 안간힘을 쓴다. 그러나 이러한 시도는 대개 실패로 끝난다. 왜냐하면 진짜 부자 커뮤니티는 특유의 배타성을 띤 채 가짜 부자를 배척하는 경향이 있으며, 가짜 부자가 돈으로 살 수 없고 단기간에 흉내 낼 수 없는 문화 자본, 지식 자본 등의 아비투스를 중요시 여기기 때문이다.

누군가 진짜 부자인지, 가짜 부자인지를 판별하는 쉬운 방법 중 하나는 그의 소비 패턴을 보는 것이다. 소비는 자본주의 사회에서 계급을 구분 짓는 효과적인 척도다. 진짜 부자는 소비에 무관심하거나 고급 기호를 소비하는 것에 너무나 태연하다(왜냐하면 숨 쉬는 것처럼 당연하게 주어진 권리이기 때문이다). 그러므로 고급 기호를 소비하고 과시하는 것에 강박적이거나 그것을 소비하는 데 어딘가 부자연스러운 면이 있다면, 그는 진짜 부자가 아니다.

그는 이제 막 중산층을 벗어난 부르주아이거나 부자처럼 보이고 싶은 가짜 부자다.

가짜 부자는 돈을 소비할 때 자유 의지를 가지지 못한다. 그는 형상화된 소비 기호의 질서에서 자유롭지 못하며 계급의 차이에서 비롯된 열등감을 과소비로 해소하려고 한다. 즉, 가짜 부자는 돈을 소비하는 주체가 아니라 소비당하는 객체인 셈이다. 이와 관련해서 장 보드리야르Jean Baudrillard도 『소비의 사회』에서 "소비 충동은 사회 계급의 수직적인 서열에서 충족되지 못한 욕구를 보상하는 것으로 볼 수 있으며, 하층 계급의 '과소비' 갈망도 이와 같은 맥락"이라고 말했다.

정리하자면, 가짜 부자들은 일반적으로 다음과 같은 특징이 있다.

• 자신의 재산, 혹은 그것을 대변하는 상징을 공공연히 드러내기를 즐긴다.
• 진짜 부자 커뮤니티에 소속되고 싶어 하지만, 고급 아비투스의 부재로 거부당한다.
• 문화 자본과 지식 자본의 결핍을 돈으로 해소하려고 하지만 대체로 실패한다.
• 불안해하고 여유가 없다.

- 사치품 소비와 과시에 주력한다.
- 자기 주머니를 채우는 데만 관심이 있을 뿐 사회 공헌은 고민하지 않는다.
- 시간을 독립적으로 사용하지 못한다.
- 돈을 하대하고 존중하지 않는다.
- 타인과 비교하며 열등감을 느낀다.

인상적인 점은 진짜 부자일수록 오히려 돈에 초연한 경향이 있다는 것이다. 그들은 돈을 위해 일하지 않고, 돈이 아쉬워서 사람을 만나지 않으며, 돈을 사치스럽게 낭비하는 것에 관심이 없다. 다만 원하는 것을 원하는 만큼, 원하는 시기에, 원하는 장소에서, 원하는 사람과, 원하는 방식으로 하기 위해 돈을 활용할 뿐이다. 다시 말해 진짜 부자에게 돈은 인생의 동반자이자 귀찮은 일을 대신해주고 시간을 아껴주는 하인이요, 마법과도 같은 일을 가능하게 해주는 지니 요정과도 같은 존재다.

반대로 가짜 부자는 돈에 자유롭지 못하며 매사에 전전긍긍한다. 가짜 부자에게 돈은 불안의 원천이자, 열등감을 감추기 위한 가면이고, 결코 도달할 수 없는 신기루와 같다.

# 부의 방정식은
# 곱셈의 법칙을 따른다

## 상반된 두 부자의 인생

• • •

여러분에게 X와 Y 두 사람의 인생을 소개하고 싶다.

우선 X의 인생을 살펴보자. X는 어릴 때부터 돈에 눈을 떴다. X는 할아버지의 식료품 가게에서 놀면서 시장과 돈이 작동하는 원리에 큰 관심이 생기게 된다. 6살이 되던 해에는 껌과 콜라를 팔아 돈을 버는 재미를 처음 느낀다. 10대가 된 X는 신문 배달로 번 돈을 부동산에 투자하고, 골프공과 핀볼(동전을 넣어 작동시키는 초기의 전자 오락기) 비즈니스 창업을 하는 등 타고난 돈의 감각을 입증한다. X는 돈을 버는 것뿐 아니라 독서도 즐겨, 시간이 날 때마다 도서관에서 돈과 투자에 관한 많은 책을 탐독했다.

20대 성인이 되자 X는 본격적으로 투자에 관심이 생겼다. 대학에서 인연을 맺은 스승에게 가치 투자론을 전수받은 X는 장기 투자와 복리의 마법에 확신이 서게 된다. X는 장기적인 안목으로 저렴한 가격의 우량주를 발굴하는 능력이 탁월했다. 그는 시시각각 출렁이는 시장에 부화뇌동<sup>附和雷同</sup>하지 않고 자신만의 투자 원칙을 지켰으며, 오랜 인내 끝에 결실을 수확했다. 그 결과 어릴 때 신문 배달을 하며 푼돈을 모으던 소년 X는 30대에 백만장자가 된다.

X의 흥미진진한 인생은 30대부터 시작이다. X는 자신이 투자한 섬유 회사의 지분을 공격적으로 사들이고 경영권을 장악한다. 섬유 회사의 대주주가 된 X는 경영진을 교체하고 새롭게 보험업에 진출한다. 회사의 경영권을 장악한 지 20여 년 만에 X는 섬유 비즈니스를 매각하고 회사의 본업을 보험업 중심의 금융 지주 회사로 개편한다. 이 회사는 훗날 글로벌 금융 산업에서 가장 시가 총액이 높은 회사가 된다.

이쯤이면 여러분도 X가 누군지를 눈치챘을 것이다. 바로 X는 워런 버핏이다. 워런 버핏은 일찍이 돈에 관한 철학을 세웠고 자신만의 투자 원칙을 고수함으로써 전 세계에서 손꼽히는 부유한 사람이 되었다. 오늘날 워런 버핏의 순 자산은 140조 원이 넘는다. 90세가 넘은 워런 버핏은 여전히 소박한 라이프 스타일을 유지하며 현역에서 왕성하게 활동하고 있다.

이제 Y의 인생을 살펴보자. Y는 전쟁의 상흔이 가시지 않은 가난한 국가에서 태어났다. 평범하게 회사를 다니던 Y는 30대 초반의 나이에 섬유 수출 회사를 창업한다. 수출업을 하다 보니 Y는 일찍이 글로벌 시장에 눈을 떴고, 내수 비즈니스만으로는 성장에 한계가 있음을 깨달았다. 그래서 Y는 신흥 시장 개척에 주력하기 위해 대부분의 시간을 해외 출장으로 보냈다. 이때 Y는 현지 임직원들과도 격의 없이 지냈다고 한다.

당시 Y가 살던 국가는 정부 주도하에 진취적으로 산업화의 페달을 밟고 있었다. OECD의 원조를 받던 Y의 가난한 국가는 어느새 중진국 면모를 갖추게 되었는데, 이때 Y를 비롯한 주요 기업가들은 정부와 결탁해 공고한 정경 유착 카르텔kartel을 형성한다. 작은 섬유 회사에서 출발한 Y는 금융, 건설, 중공업, 전자, 자동차, 호텔 부문에 진출하며 공격적으로 사세를 확장하며, 청년 Y가 창업한 스타트업은 어느새 자기 자본이 조 단위 규모인 거대한 그룹으로 자리매김하게 된다.

하지만 열흘 붉은 꽃은 없다고 했던가. 영원할 것만 같던 Y의 황금기에 위기가 닥친다. Y의 모국이 외환 위기를 겪으며 부도 위기에 처하게 된 것이다. 당시 Y는 무리하게 레버리지를 일으켜 신사업과 해외 시장 개척에 주력하고 있었는데, 외환 위기의 직격탄을 맞았다. Y는 사태를 수습하기 위해 그룹이 보유한 핵심 자산을 매각하고 고통스러운 구조 조정을 실시했는데, 판세를 뒤집기에는 역부족이었다. 결국 Y가 경영하던 그룹은 막대한 채무를 떠안고 파산한다.

Y의 정체는 바로 대우 그룹의 창업주 고故 김우중 회장이다. 한때 국가 산업 역군으로 존경받으며 세계를 누비던 김우중 회장은 대우 그룹이 해체되자 해외를 전전하며 도피 생활을 했다. "부자는 망해도 3대를 간다"는 말이 있듯이, 그가 경제적으로 궁핍한 노년을 보내지는 않았을 것이다. 다만 평생을 바친 대우 제국의 몰락은 김우중 회장 개인에게는 분명 감당하기 어려운 슬픔이었을 것이다. 김우중 회장은 죽기 전 한 매체와의 인터뷰에서 다음과 같은 말을 남겼다고 한다. "흔적을 남기고 싶다. 모두 사라질까 두렵다."

## 부는 기하급수적으로 증가할 수도, 사라질 수도 있다

• • •

내가 워런 버핏과 김우중 회장의 사례로 강조하고 싶은 점은

'부의 방정식은 곱셈의 법칙을 따른다'는 것이다. 다시 말해 상황에 따라 부는 기하급수적으로 증가할 수도, 순식간에 사라질 수도 있으며, 심지어는 마이너스(-)가 될 수도 있다는 것이다. 워런 버핏과 김우중 회장이 성공한 방법은 각자 달랐지만 한때 두 사람 모두 엄청난 규모의 부를 거머쥐었다. 그러나 한 사람은 지속적으로 부를 축적해 위대한 부자의 반열에 오른 반면, 나머지 한 사람은 파산했다. 무엇이 이토록 대조적인 결과를 초래한 것일까? 그 이유는 바로 부의 방정식에 출현할 수 있는 제로(0) 변수와 마이너스(-) 변수다.

부의 방정식을 수학적으로 설명하자면 다음과 같다. 10이라는 돈이 기본값으로 있다고 생각해보자. 기본값에 변화를 주는 변수가 방정식에 등장하면 이에 따라 방정식의 결괏값이 바뀐다. 이때 결괏값은 부의 수준이다. 부의 방정식은 '$10+2=12$(결괏값)' '$10-2=8$(결괏값)' 따위처럼 '덧셈, 뺄셈의 법칙'을 따르지 않는다. 오히려 '$10\times2=20$(결괏값)' '$10\times0=0$(결괏값)' '$10\times(-2)=-20$(결괏값)'과 같은 '곱셈의 법칙'을 따른다. 변수의 특성에 따라 마이너스(-), 제로(0), 플러스(+)의 전혀 다른 최종 결괏값이 도출될 수 있다는 뜻이다.

워런 버핏은 복리에 기반한 장기 투자와 현명한 리스크 관리 능력으로 부의 방정식에 지속적으로 플러스(+) 변수를 곱했다.

그 결과 작은 시드 머니seed money, 종잣돈로 시작한 워런 버핏의 자산은 기하급수적으로 불어났고, 그는 전 세계에서 손꼽히는 부유한 사람이 되었다. 인상적인 점은 90세가 넘는 워런 버핏 순 자산의 90% 이상이 그의 나이 60세 이후에 축적된 부라는 것이다. 만약 워런 버핏이 조급함을 느끼고 무리하게 레버리지를 일으켰다가 투자에 크게 실패했거나 감당할 수 없는 사업 손실을 보았다면, 그는 오늘날 위대한 부자로 칭송받지 못했을 것이다.

반면 김우중 회장의 부의 방정식 변수는 다소 복잡했고 결괏값도 워런 버핏 대비 훨씬 들쭉날쭉했다. 그의 청년기와 중년기에는 부의 방정식 변수가 플러스(+)의 특성을 띠며 그의 자산은 기하급수적으로 증가했다. 그러나 김우중 회장은 과도한 레버리지 경영과 리스크 관리 실패로 부의 방정식에 제로(0) 변수와 마이너스(-) 변수가 출현하는 것을 막지 못했다. 그 결과로 말년에 부의 방정식 결괏값은 순식간에 제로(0)로, 그리고 마이너스(-)로 바뀌어버렸다.

부의 방정식이 곱셈의 법칙을 따른다는 것을 이해하는 것은 자본주의의 사기성을 깨닫는 것만큼이나 중요하다. 왜냐하면 부의 방정식 내 플러스(+), 제로(0), 마이너스(-) 변수들을 온전히 파악하고 대비하려는 자세는 미래의 비극을 피하고 결괏값의 최대화, 즉 부의 증식 가능성을 높여주기 때문이다. 다만 해당 변수들에 영향을 미치는 다양한 요인들 중에서 가장 중요한 것은 다소 허무할 수 있지만 개인이 통제하기 어려운 '운'이라는 점을 우리는 인정할 필요가 있다. 운에 관해서는 뒤에서 자세히 후술할 계획이다.

부의 방정식을 이해한 사람은 다음과 같은 결론을 도출해낼 수 있다. 첫째, 산술급수적인 사고방식으로는 결코 부자가 될 수 없다. 부의 증식은 항상 기하급수적이다. 둘째, 부자가 '되는' 것보다 부자로 '남는' 것이 훨씬 어렵다. 왜냐하면 부의 방정식에 제로(0) 변수나 마이너스(-) 변수가 한 번이라도 출현하는 순간, 그가 축적한 부가 순식간에 증발하거나 채무로 전환될 수 있기 때문이다. 셋째, 플러스(+) 변수를 증폭시키는 것보다 제로(0) 변수나 마이너스(-) 변수가 등장하는 것을 최대한 막으려고 노력하는 것이 현명한 전략이다. 다시 말해 크게 이기는 것보다 꾸준히 지지 않는 것이 훨씬 바람직하다는 뜻이다.

# 돈과 행운과 실력에 관한 고찰

수많은 부자를 관찰하면서 깨달은 진리가 있다. 바로 모두 운이 억세게 좋은 사람이라는 것이다. 이는 부모를 잘 만나 유복한 환경에서 자란 금수저만 해당하는 것이 아니다. 스스로 자수성가한 사람들에게도 운이 상당히 작용한다. 특출난 재능이나 강인한 의지가 있거나, 인생을 바꿀 귀인을 만나거나, 특정한 시기에 부상하는 사업 아이템 혹은 투자처를 발견하거나 하는 등의 요소는 실력뿐 아니라 운과도 밀접한 관련이 있다.

문제는 성공과 실패라는 결괏값에 영향을 미치는 행운과 실력이라는 변수를 정량적으로 수치화하기 어렵다는 것이다. 잘되면 자기 실력 덕분이고, 안되면 운이 없었다는 변명을 하고 싶은 것이 사람의 본성이다. 일이 잘 풀리거나 풀리지 않을 때 우리는 이것이 운 때문인지, 아니면 실력 때문인지 좀처럼 갈피를 잡기 어렵다. 이는 똑똑한 사람에게도 풀기 어려운 난제인 듯하다.

노벨 경제학상을 수상한 로버트 실러Robert Shiller에게 누군가 이렇게 물은 적이 있다. "투자와 관련해 우리가 알 수 없는 것들 중에서 당신이 가장 알고 싶은 것은 무엇인가요?" 그는 이렇게 답했다. "결과가 성공적일 때 행운의 정확한 역할이 궁금합니다." 나는 이것이 무척 현명한 답변이라고 생각한다. 위 질문의 맥락을 확장해 '투자'를 '돈'으로 치환해도 의미는 일맥상통한다. 돈을 성공적으로 잘 벌었을 때, 어디까지가 실력이고 어디까지가 행운의 역할인가? 이를 고찰하기 위해 다음의 사례들을 보자.

## 큰 부자는 하늘이 낳는다

• • •

마이크로소프트Microsoft와 애플Apple을 창업해 큰돈을 벌고 IT Information Technology, 정보 기술 산업에 한 획을 그은 빌 게이츠Bill Gates와 스티브 잡스Steve Jobs에게는 흥미로운 공통점이 있다. 바로 둘 다 1955년생으로 같은 해에 태어났다는 것이다. 또한 빌 게이츠가 마이크로소프트를 창업한 1975년과 스티브 잡스가 애플을 창업한 1976년은 PC<sup>Personal Computer, 개인용 컴퓨터</sup> 대중화가 시작될 무렵의 중요한 변곡점이었다. 1970년대 후반부터 본격적으로 PC가 보급되기 시작했고, 이 흐름을 타 두 청년이 차고에서 시작한 프로젝트는 성공 가도를 달렸다. 만약 스티브 잡스와 빌 게이츠가 미국에서 자라지 않고 실리콘 밸리<sup>Silicon valley</sup> 컴퓨터 문화를 일찍 접하지 않았으면 어땠을까? 조금만 더 늦게 혹은 일찍 태어났다면 과연 지금의 그들이 있었을까? 빌 게이츠와 스티브 잡스 정도의 실력이면 아마 다른 분야에서도 충분히 성공했을 수 있겠지만(실제로 스티브 잡스는 애플에서 쫓겨난 이후 픽사<sup>Pixar</sup>에 합류해, 픽사가 세계 최고 애니메이션 기업으로 거듭나는 데 일조했다), 그들이 오늘날 이룩한 마이크로소프트, 애플은 존재하지 않았을 것이다.

국내의 사례도 있다. 한국 IT 업계의 살아 있는 신화라 할 수 있는 카카오, 네이버, 엔씨소프트, 넥슨, 넷마블을 창업한 기업가들의 나이는 대체로 유사하다(카카오의 김범수: 1966년, 네이버의 이해진: 1967년, 엔씨소프트의 김택진: 1967년, 넥슨의 김정주: 1968년, 넷마블의 방준혁: 1968년). PC 대중화 흐름을 잘 탄 빌 게이츠, 스티브 잡스와 마찬가지로, 한국의 1세대 IT 기업인들 역시 인터넷이라는 순풍을 타고 부의 추월차선을 달리며 저마다의 제국을 건설하는 데 성공한 것이다.

이런 사례들에서 주지하고 싶은 사실은 앞서 언급한 자수성가형 부자들은 모두 운이 좋았다는 점이다. 그들은 공통적으로 좋은 곳에서 좋은 사람들을 만났고, 좋은 시기에 좋은 아이템을 가지고 '운 좋게' 사업에 성공했다. 물론 그들의 실력이 출중한 것은 사실이지만, 운이 따라주지 않았다면 그들이 이렇게까지 어마어마한 성공을 거두지는 못했을 것이다. 작은 부는 개인 혼자서 이룰 수 있지만, 큰 부는 반드시 타인의 도움과 더불어 천운이 따라야 한다.

운칠기삼運七技三이라는 말이 있다. 운이 7할이고 실력이 3할이라는 뜻으로, 일이 잘 풀리고 안 풀리고는 운에 달렸다는 의미다. 그런데 나는 돈만큼은 운칠기삼이 아니라 '운구기일運九技一'이라고 생각할 정도로 운의 역할이 중요하다고 믿는다. 특히 사업보다 투자 영역에서 더더욱 그렇다고 생각한다. 실력이 없는 바보도 운만 따라주면 충분히 투자(이럴 경우 투자와 투기의 구분이 불분명하다.)로 돈을 벌 수 있다. 전문적으로 훈련을 받은 펀드 매니저와 운 좋은 바보의 투자 수익률은 상황에 따라 크게 차이 나지 않을 수 있다. 어쩌면 오히려 운 좋은 바보가 펀드 매니저를 능가할 수 있다. 심지어 대세 상승장에서는 운 좋은 바보뿐 아니라 원숭이도 돈을 벌 수 있다.

하지만 운을 자신의 실력으로 착각하고 경거망동輕擧妄動하다 보면 비극의 주인공이 되기 쉽다. 비극은 일반적으로 이런 식으로 전개된다. 지인의 권유로 소액 투자를 시작했는데 수익이 난다. 투자금이 컸다면 좋았을 것이라는 아쉬운 생각을 한다. 그래서 조금씩 투자금을 늘리자, 어느새 투자금이 유의미한 수준으로 불어 수익금도 커진다. 투자 수익으로 버는 금액이 커지면서, 점차 회사를 다니는 시간이 아깝게 느껴지고 월급이 우습게 느껴진다. 본인이 투자에 천부적인 재능이 있다는 착각에 빠지고 전업 투자자로 먹고살 수 있을 것 같다는 자신감이 생긴다. 주변에 큰돈을 벌고 퇴사를 했다는 무용담이 들리기 시작하면서 자기도 충분히 할 수 있다는 생각이 든다. 차오른 자신감으로 단기간에 더 많은 투자 수익을 내기 위해서 무리하게 레버리지를 일으킨다.

그러다 대세 상승장이 끝나고 파티에 음악이 꺼진다. 투자 수익률은 어느새 마이너스(-)가 되고 '리벤지 트레이딩revenge trading(손실을 즉각적으로 만회하기 위해 감정적으로 대응하는 트레이딩)'을 하는 과정에서 손실액은 더 커진다. 투자 손실액은 감당할 수 없는 규모로 커지고, 결국 그는 비극의 주인공이 된다. 능력자는 이 실패를 반면교사反面教師 삼아 나중에 훌륭한 투자자로 거듭날 잠재력이 있지만, 운에 편승한 상당수 바보는 고통을 견디지 못하고 좌절의 늪에 빠진다.

# 돈의 성격에 따라 퀄리티가 달라진다

• • •

한편 똑같이 돈을 번다고 하더라도 여기에 투여된 행운과 실력 여하에 따라 돈의 퀄리티는 달라진다. 가령 경마장을 상습적으로 드나드는 일용직 노동자가 복권에 당첨되어 번 20억 원, 의사가 노동 소득으로 번 5억 원, 그리고 경험 많은 투자자(사업가)가 투자(사업)로 번 10억 원은 질적으로 다르다. 복권 당첨금은 전적으로 행운에만 의존하는 돈이고, 나머지는 행운과 실력에 적절히 기반한 돈이다. 20억 원의 복권 당첨금이 명목 가치가 높다고 하더라도 후자의 5억 원과 10억 원이 훨씬 양질의 돈이다. 왜냐하면 돈의 안정성과 성장성 측면에서 일용직 노동자의 복권 당첨금보다 의사와 투자자(사업가)의 노동 소득과 자본 소득이 훨씬 우수하기 때문이다.

돈의 안정성 측면에서는 의사의 노동 소득이 으뜸이고, 그다음이 투자자(사업가)의 자본 소득, 그리고 마지막이 일용직 노동자의 복권 당첨금순이다. 돈의 성장성 측면에서는 투자자(사업가)의 자본 소득이 가장 우수하고, 다음이 의사의 노동 소득, 그리고 일용직 노동자의 복권 당첨금 순이다. 우리가 복권에 당첨된 일용직 노동자가 경마장에서 돈을 탕진하는 모습을 어렵지 않게 상상할 수 있는 것도 이 때문이다.

반면 우리는 의사와 투자자(사업가)가 특별히 불운한 상황이 아니라면 그들이 허투루 돈을 잃는 모습을 상상하기는 어렵다. 오히려 그들의 돈은 시간이 지날수록 점점 늘어날 개연성이 높다. 특히 의사의 노동 소득보다는 투자자(사업가)의 자본 소득이 기하급수적으로 성장할 가능성이 높다.

『행운에 속지 마라』의 저자 나심 니콜라스 탈레브Nassim Nicholas Taleb는 "운 나쁜 능력자와 운 좋은 바보는 모두가 자신의 장기 속성으로 돌아가게 된다"고 말했다. 나는 이에 전적으로 동의한다. 운 좋은 바보는 부자가 될 수 있지만 부자로 남기는 어렵고, 불운한 능력자는 당장은 곤궁할 수 있지만 언젠가 대기만성大器晚成할 수 있다. 그가 행운을 맞이하기 위한 지루한 기다림을 포기하지 않는다면 말이다. 이런 점에서 보았을 때, 인간의 운명을 지배하는 것은 행운의 여신 티케이지만, 인간의 최후를 결정짓는 심판자는 결국 자기 자신이다.

# 돈과 행복의 상관관계

돈으로 행복을 살 수 있을까? 경제학자 리처드 이스털린[Richard Easterlin]은 1974년에 이와 관련된 논문 「경제 성장이 인간의 운명을 개선시키는가? 몇 가지 실증적인 증거들[Does Economic Growth Improve the Human Lot? Some Empirical Evidence]」을 세상에 내놓았다. 그는 1946년부터 1970년까지 19개 국가를 선정해 조사했고 몇 가지 결론을 도출해냈다.

첫째, 개별 국가 내에서 소득이 높은 개인은 그렇지 않은 사람보다 행복하다. 둘째, 소득이 높은 국가가 그렇지 않은 국가보다 행복한지는 불분명하다. 셋째, 미국은 시간이 지날수록 개인의 소득이 늘어났지만 이는 행복도와 양(+)의 상관관계를 가지고 있지 않다. 이 논문은 '이스털린의 역설'이라는 개념을 낳으며 돈과 행복의 상관관계에 관한 논쟁에 불을 붙였다.

## 돈과 행복의 관계는 상대적 비교와 관련이 있다

● ● ●

이스털린의 역설은 앞서 말한 리처드 이스털린이 주창한 이론으로, 소득이 일정 수준에 도달하고 기본적 욕구가 충족되면 소득이 증가해도 행복에는 큰 영향을 끼치지 않는다는 것이다. 그런데 세간의 오해와는 달리, 이스털린의 역설은 특정 수준을 충족할 경우 돈과 행복이 무관하다는 메시지를 담고 있지 않다. 리처드 이스털린은 논문에서 다음과 같이 주장한다.

> "행복을 판단할 때 사람들은 그들의 실제 상황과 (그들의 이전, 그리고 현재의 사회적 경험에서 비롯된) 준거 집단 및 기준을 비교하는 경향이 있다."

즉, 해당 연구의 함의는 돈과 행복의 상관관계가 지극히 '상대적'이라는 것이다. 다시 말해 돈으로 행복을 살 수 있는 상태는 오로지 상대적인 비교 조건(과거 자신이 처한 상황 및 자신이 준거 집단으로 삼고 있는 기준)이 충족되어 있을 때라는 것이다.

돈과 행복의 상관관계에서, 대상자가 주관적으로 느끼는 상대성이 결과에 많은 영향을 미친다는 점은 시사하는 바가 있다. 가령 전 세계적으로 손꼽히는 부자 중 하나인 제프 베이조스[Jeff Bezos]가 천문학적인 돈을 투입해 우주여행을 가는 것을 보고 '부럽다. 왜 나는 저렇게 인생을 즐길 만한 돈이 없는 걸까'라고 우울해하는 사람은 거의 없다. 우주여행, 프라이빗 제트기, 수영장이 딸린 베벌리힐스 고급 별장 같은 최고급 럭셔리 라이프를 향유할 만한 돈이 없다고 해서 대부분의 사람은 불행을 느끼지 않는다. 왜냐하면 애초에 최상류층이 향유하는 라이프 스타일은 자신의 삶과 전혀 별개의 것이라고 생각하기 때문이다.

한편 우리가 부러움을 느끼고 돈 때문에 우울해지는 순간은 놀라울 정도로 평범하고 사소한 것일 수 있다. 이를테면 동창회에서 오랜만에 만난 친구가 사업 성공담을 이야기할 때, 직장 동료가 투자에 성공해 퇴사할 때, 이웃이 주거 비용이 더 높은 동네로 이사를 갈 때처럼 말이다. 이런 순간에 뇌는 우리에게 '돈이 부족한 것은 아닌지' '돈을 더 벌기 위해서 어떻게 해야 하는지' 등과 같은 생각을 하도록 지시한다. 실질적인 '돈 문제'를 겪고 있지 않은데도 준거 집단과의 상대적 비교를 하며 '돈 걱정'을 하도록 주문하는 것이다.

우리는 "행복을 돈으로 살 수 없다면 돈이 충분하지 않은 것이다"라는 말을 단순한 우스갯소리로 치부해서는 곤란하다. 왜냐하면 '충분함'의 정의가 돈과 행복의 상관관계를 고찰하는 데 중요한 역할을 할 수 있기 때문이다. 이때 충분함의 기준은 상대적이다. 기본적인 의식주를 충족한 이후, 자신이 동류라 여기는 (혹은 소속되고 싶어 하는) 준거 집단과 원만하게 사회 활동을 할 수 있는 정도가 충분한 수준의 돈이라 할 수 있다. 기아에 허덕이는 빈국의 국민이 아닌 이상, 대부분의 사람이 돈 때문에 행복을 느끼지 못하는 (혹은 불행을 느끼는) 많은 이유는 자기 객관화의 오류로 준거 집단 설정 실패 및 타인과의 비교에서 비롯된 탐욕 때문이다.

따라서 타인과 비교하고 부러워하는 것에 능숙하지 않은 자라면, 그는 돈의 많고 적음에 따라 얼마든지 행복할 준비가 되어 있는 상태인 것이다. 가수 장기하는 노래 〈부럽지가 않어〉에서 이런 상태를 유쾌하게 표현했다.

어? 너네 자랑하고 싶은 거 있으면 얼마든지 해. 난 괜찮어. 왜냐면 나는 부럽지가 않어. 전혀 부럽지가 않어.

나는 돈과 행복이 무관하다는 주장을 하려는 것이 아니다. 돈은 행복의 필요조건이지만 충분조건은 아니라는 것이 나의 생각이다. 오히려 나는 돈과 행복이 전혀 관계가 없다고 말하는 자를 경계한다. 내가 보기에 돈과 행복이 무관하다고 주장하는 사람은 크게 세 가지 부류다. 거짓말을 하는 위선자, 돈이 없어서 느끼는 비참함을 한 번도 체험해보지 못한 귀족, 그리고 돈을 초월한 세계관을 형성한 극소수의 성인聖人. 개인적인 체험을 바탕으로 생각했을 때 통계적으로는 위선자의 수가 귀족보다 많고, 성인보다는 귀족의 수가 많은 듯하다.

돈으로 행복을 살 수 있을까? 그렇다. 단, 그대가 '충분함'의 기준점을 올바르게 설정하고 건강한 방식으로 상대적인 만족감을 꾸준히 유지할 수 있다면 말이다. 나는 남들보다 훨씬 많은 것을 가지고도 불행한 사람을 많이 보았다. 반면에 적은 것을 가지고도 남들보다 훨씬 행복한 사람도 많이 보았다. 그들을 바라볼 때면 나는 에리히 프롬Erich Fromm의 『소유냐 존재냐』에 나온 이 문장을 곱씹는다.

"만약 나의 소유가 곧 나의 존재라면, 나의 소유를 잃는다면 나는 어떤 존재인가?"

# 부자들은 모두 행복할까

부자들은 행복할까? 한때 이 생각이 머릿속에 똬리를 틀고 집요하게 나를 괴롭힌 적이 있다. 왜냐하면 자본주의 계급 사회의 정점에 있는 부자가 행복하지 않다면, 대체 무엇을 위해 '충분한' 수준 이상의 돈을 벌어야 하는지에 혼란을 느꼈기 때문이다.

처음에는 불행한 부자들의 사례를 보며, 나는 이것이 철저히 개인의 문제라고 생각했다. 약물 중독에 빠지거나, 돈 때문에 가족이나 친구에게 배신당하거나, 사람을 믿지 못하거나, 탐욕을 통제하지 못하거나, 심지어는 스스로 목숨을 끊는 부자들을 보며, 나는 그들의 인성에 문제가 있거나 특별히 불운한 경우라고 치부했다.

　그러나 불행한 부자들의 사례를 목격하는 일이 잦아지면서, 나는 "천석꾼에게는 천 가지 근심이, 만석꾼에게는 만 가지 근심이 있다"는 말에 심히 공감하게 되었다. 부자들이 불행을 느끼는 것은 개인이 문제인 경우도 있지만, 돈으로 파생되는 구조적인 문제가 원인인 경우도 많다는 사실을 알게 되었기 때문이다. 세상에는 돈이 없어서 생기는 문제뿐 아니라 돈이 많아서 생기는 문제 역시 분명 존재한다. 평범한 사람들 입장에서는 공감하기 어려울 수 있지만 말이다.

## 행복하지 않은 부자들

• • •

　여러분에게 몇 가지 사례를 소개하고 싶다. 우선 영화배우 짐 캐리Jim Carrey의 삶을 보자. 짐 캐리는 아버지의 실직으로 넉넉지 않은 가정 환경에서 자랐다. 연기와 코미디에 재능이 있던 그는 유명 배우가 되어 부자가 되고 싶었지만, 데뷔 초기에는 그다지 주목받지 못했다. 하지만 그는 꿈을 포기하지 않았다. 짐 캐리가 무명 시절 가짜 수표에 1,000만 달러를 적은 일화는 유명하다. 그는 아버지에게 1,000만 달러가 적힌 가짜 수표를 건네며 언젠가 유명 배우가 되면 진짜 1,000만 달러 수표를 드리겠다고 다짐했다. 후에 할리우드 입성에 성공한 짐 캐리는 〈에이스 벤츄라Ace Ventura: Pet Detective〉, 〈마스크The Mask〉, 〈배트맨 3 - 포에버Batman Forever〉, 〈트루먼쇼The Truman Show〉, 〈맨 온 더 문Man On The Moon〉, 〈이터널 선샤인Eternal Sunshine Of The Spotless Mind〉, 〈덤앤더머DUMB & DUMBER〉 등 수많은 히트작을 찍으며 명실상부 글로벌 스타가된다.

결국 그는 세계적으로 인정받는 유명 배우이자 수천억 원 규모의 자산을 보유한 부자가 되어 꿈을 이루었다. 그런데 그토록 갈망했던 부와 명성은 짐 캐리를 행복하게 만드는 데 실패했다. 짐 캐리는 이렇게 말했다.

"저는 모든 사람이 부자가 되고 유명해져 보았으면 좋겠습니다. 그래야 그게 답이 아니었다는 것을 깨달을 테니까요."

무엇이 문제였을까? 왜 짐 캐리는 그가 획득한 성공의 트로피가 인생의 정답이 아니라고 말하는 것일까?

다른 사례를 살펴보자. 이 남자의 유년 시절은 지독히 우울했다. 부모는 그가 12살이 되던 해에 이혼했고 가족은 약물 중독에 시달렸다. 또한 아버지는 절도죄로 감옥에 다녀왔고, 후에 스스로 목숨을 끊었다. 이처럼 불우한 유년기를 겪었지만, 소년에게는 컴퓨터라는 친구가 있었다. 컴퓨터 프로그래밍에 소질이 있던 그는 어느 날 게임을 하나 만들었는데, 그 게임이 인기를 끌자 대기업은 인수를 제안했다. 이 남자는 바로 마인크래프트<sup>Minecraft</sup> 게임을 개발한 기업가 마르쿠스 페르손<sup>Markus Persson</sup>이다. 마인크래프트를 마이크로소프트에 매각한 그는 순식간에 조 단위 규모의 돈방석에 앉게 되었다.

30대의 젊은 나이에 거부가 된 마르쿠스 페르손의 삶은 모두의 부러움을 샀다. 가난했던 유년 시절의 아픔을 보상하기라도 하듯, 그는 펑펑 돈을 썼다. 그는 수백억 원을 호가하는 베벌리힐스 고급 저택을 구매하고, 비행기 1등석을 즐겨 탔으며, 유명인들과 어울리며 하룻밤 파티에 1억 원을 넘게 지출하곤 했다. 그러나 정작 마르쿠스 페르손의 삶은 별로 행복하지 않았던 모양이다. 그는 다음과 같은 트윗을 남겼다.

"이비사에서 친구들과 어울리고 유명인들과 파티를 하며 내가 원하는 것은 다 할 수 있지만, 나는 지금과 같은 고립감을 느껴본 적이 없다."

"모든 것을 얻는 것의 문제는 당신이 더 이상 노력할 이유가

없어지는 것, 그리고 불균형으로 사람 간의 교류가 불가능해

진다는 것이다."

짐 캐리와 마르쿠스 페르손은 복권에 당첨되었거나 부정한
방법을 사용해 졸부가 된 게 아니다. 그렇다고 부유한 환경에서
태어난 금수저는 더더욱 아니다. 그들은 숱한 역경을 극복하고
자수성가한 부자다. 그들은 성공이라는 목적지를 향해 질주했고
마침내 그곳에 도달해, 원하는 것은 뭐든지 할 수 있는 경제적 자
유를 얻었다.

그러나 역설적이게도 그토록 원했던 것을 얻자 그들은 삶의
동력과 인생의 의미를 잃었다. 뭘 해도 시시하고 재미가 없어진
것이다. "아주 가난한 사람과 아주 돈이 많은 사람의 공통점은
인생이 재미가 없다는 거야"라는 〈오징어 게임〉의 대사가 떠오
르는 대목이다.

## 금수저의 비애

· · ·

한편 내가 생각하기에 자수성가형 부자는 적어도 금수저보다
사정이 낫다. 왜냐하면 금수저는 그들이 향유하는 부를 스스로

성취하고 선택한 것이 아니기에, 자수성가형 부자보다 행복감을 느끼기 더 어려운 환경이기 때문이다. 가령 우리가 공기를 당연한 자원이라 생각해 매초 숨을 쉬는 것에 별다른 감흥을 느끼지 못하는 것과 같다. 마찬가지로 금수저에게 돈은 공기와도 같이 당연하게 주어진 자원이다. 따라서 태어날 때부터 부자였던 금수저는 자신에게 부여된 특권을 당연하게 여긴다. 이는 그가 특별히 오만해서라기보다는 단지 태생적인 환경의 특수성 때문이다.

하지만 기쁨이 있으면 슬픔도 있는 법. 태어나서 한 번도 돈 걱정을 해본 적이 없는 금수저는 왕관의 무게를 견디는 과정에서 고통을 느낀다. 가업을 계승해서 실력을 증명해야 한다는 의무, 가족·친구·연인 관계가 경제적 가치로 치환되는 슬픈 체험, 극심한 경쟁, 주위의 시선, 재산을 지켜야 한다는 압박감, 돈을 목적으로 꼬이는 수많은 사람 때문에 생기는 사람에 대한 불신 등 평범한 사람들은 공감하기 어려운 여러 고충이 있다. 이것들은 돈으로 해결할 수 없을뿐더러 대개는 그들이 스스로 선택한 결과가 아닌 경우가 많다. 특히 다양한 이해관계자가 얽혀 있고, 남들의 시선에 자유롭지 못하며, 책임져야 할 것이 많은 재벌은 대개 이러한 왕관의 무게가 더더욱 무거워진다. 다음은 재벌을 부러워하는 세간의 시선에 대한 그들의 답변이다.

"많은 사람은 우리가 영원히 지중해 요트에 앉아 있을 것이라고 생각한다. 부를 지키는 역할은 개인적인 면에서 결코 좋지만은 않다."

– 비엠더블유<sup>BMW</sup> 오너 패밀리의

스테판 크반트<sup>Stefan Quandt</sup>와 주잔네 클라텐<sup>Susanne Klatten</sup>

"금수저를 물고 태어난 덕분에 다른 사람들보다 특별하게 살아왔지만 그만큼 책임감의 무게도 느꼈다. 그동안 금수저를 물고 있느라 이가 다 금이 간 듯한데 이제 그 특권도, 책임감도 내려놓는다."

– 코오롱그룹 명예 회장 이웅렬

물론 당장의 생계를 걱정하는 빈자보다는 부자가 훨씬 행복하기 유리한 조건인 것은 사실이다. 게다가 돈은 돈이 없어서 생기는 많은 문제를 해결해준다. 평범한 사람들의 입장에서 부자들의 고민은 배부른 소리처럼 들린다. 그러나 부자들이 지구를 떠받치고 있는 아틀라스처럼 (평범한 사람은 도통 감당하기 어려운) 압박감을 느낄 수 있음을 우리는 인정할 필요가 있다. 그러므로 돈이 모든 문제를 해결해주지는 않는다는 사실을 인정하고, 평범한 환경에 속해 있다는 것이 한편으로는 얼마나 축복일 수 있는지에 안도감을 느낄 필요도 있다. 나 또한 이따금씩 내가 엄격한 재벌가의 장남이 아니라는 사실에 감사하다.

부자와 행복의 관계는 안나 카레니나의 법칙을 따른다. 즉, 행복한 부자는 모두 비슷하지만 불행한 부자는 저마다 다른 이유가 있다는 뜻이다. 다양한 부류의 부자를 관찰하며 내가 내린 결론은 자신이 좋아하는 일을 하면서 스스로 성취감을 느끼고, 주위 사람과 충만한 관계를 형성하며, 과도한 책임과 타인의 시선에서 자유로운 부자가 가장 행복을 느낀다는 것이다. 이런 점에서 보았을 때 금수저로 태어나거나, 스타트업을 창업하거나, 큰 조직의 고위 간부가 되는 것보다는 투자라는 지적인 스포츠에서 꾸준히 승리하는 투자자가 나에게는 가장 동경의 대상이다. 적어도 내 기준에서는 그들이 가장 행복한 부자다.

# 소비의 진화

## 1단계 - 재화와 기호

• • •

부의 수준이 늘어남에 따라 소비 역시 진화한다. 소비는 크게 세 단계로 구분할 수 있다. 우선 가장 기초적인 소비는 오로지 자신, 혹은 가족을 비롯해 아주 가까운 사람들을 위한 것이다. 이때 소비의 대상은 주로 재화와 기호다. 보통의 사람들은 보다 상류 계급의 재화와 기호, 쉽게 말해 비싸고 좋은 것을 소비하고 '낭비' 할 수 있는 특권을 과시함으로써 하류 계급과 자신을 '구분 짓기' 위해 돈을 벌고 싶어 한다. 이를테면 고가의 아파트, 비싼 외제차, 롤렉스$^{ROLEX}$ 시계, 유명 브랜드의 옷·잡화·신발, 고급 레스토랑, 유기농 식단, 해외여행, 레저, 소수에게만 허용된 멤버십 등이 그 예다. 이와 같은 현상을 장 보드리야르는 『소비의 사회』에서 "사람들은 결코 사물 자체를 (그 사용 가치에서) 소비하지 않고, 자신을 타인과 구별 짓는 기호로써 (가장 넓은 의미에서) 사물을 항상 조작한다"고 말했다.

그런데 좋은 차를 타고, 좋은 옷을 입고, 좋은 곳을 다니고, 좋은 것을 먹고 마시고, 좋은 경험을 하면 모두 부자일까? 사실 이 정도 수준의 소비는 적당히 여유 있는 중산층도 충분히 할 수 있다. 심지어 부자 흉내를 내고 싶어 하는 서민 계층도 마음만 먹으면 얼마든지 무리해서 실현할 수 있다. 물론 이렇게 과소비를 하면 마음이 편하지 않고 저축할 여력이 없겠지만 말이다. 어쨌든 이 단계의 소비는 부자들의 전유물이라기보다는 진입 장벽이 낮은 대중 소비 양식이라 할 수 있다.

## 2단계 - 문화 자본과 교양

···

여기에서 좀 더 진화한 단계의 소비는 문화 자본을 축적하고 교양을 갖추는 것이다. 이 역시 자기에게 집중된 소비라는 점에서 기존의 소비와 양식이 유사하다. 다만 소비하는 대상이 재화 및 기호가 아니라 문화 예술의 조예, 안목, 취향, 지식 등의 문화 및 교양이라는 점에서 차이가 있다. 교양 수준을 높이는 것은 돈을 버는 것만큼이나 어렵다. 왜냐하면 경제 자본을 갖추었다고 하더라도 이를 문화 자본으로 치환하는 데는 상당한 시간과 노력이 필요하고, 자신만의 취향 역시 돈을 쓴다고 해서 저절로 생기는 것이 아니기 때문이다. 그래서 부자들은 양적 과시에서 세련된 교양을 선망받는 취향과 소탈한 라이프 스타일을 가지는 것으로 이행함으로써, 다른 계층과 자신을 구분 짓고 특권을 유지하는 것이다.

일정한 수준 이상으로 돈을 번 부자들이 문화 예술에 관심이 있거나, 학위를 따기 위해 학교에 다니거나, 각종 갤러리 및 와인 시음회에 출입하는 모습을 본 적이 있을 것이다. 부자가 되면 다양한 부류의 상류층을 만날 기회가 생긴다. 그들과 어울리는 데는 단순히 돈만 있다고 되는 게 아니다. 졸부 취급을 하며 껴주지 않거나, 훨씬 돈이 많거나, 태생부터 다른 귀족 출신 부자가 많기 때문이다. 새롭게 설정된 준거 집단과 어울리기 위해서는 상류 사회에서 선망받는 아비투스(가장 대표적인 것이 문화 자본이다.)를 갖추는 것이 필수적이다. 이를 위해서는 일정 수준의 돈을 써서 학습해야 한다. 이는 소비가 사회문화적인 현상인 이유다.

한편 저 정도로 부를 축적한 부자들에게는 삶의 목적을 잃고 혼란을 느끼는 시기가 있다. 인생을 게임으로 비유하자면 이미 최고 레벨을 달성하고 더 이상 성취할 것이 없는 상황인 것이다. 또한 그는 부를 축적하는 과정에서 상당한 스트레스를 받고, 여러 사람에게 상처받고 실망했을 가능성이 높다. 그런 사람들에게 문화 자본을 쌓는 매개체(예술이 가장 대표적이다.)는 지친 심신을 위로할 수 있는 쉼터와 같다. 부자들이 예술가를 후원하고 예술품을 구매하는 데 관심을 두는 이유다. (물론 투자, 증여, 절세의 목적도 있지만 말이다.)

## 3단계 - 타인과 사회

• • •

마지막으로 소비의 최종 진화 단계는 자신과 이해관계가 없는 타인을 위해 이타적인 목적으로 돈을 쓰는 것이다. 돈이 아무리 많아도 이 단계의 소비를 행하지 않으면 존경받는 부자로 거듭나기 어렵다. 더 나은 세계를 만들기 위해 재산을 사회에 환원하고, 불운한 환경의 사람들을 돕기 위해 기부하는 것이 대표적인 3단계 소비 방식이다. 보통 부의 사다리 꼭대기에 위치해 더 이상 올라갈 곳이 없는 사람들과 자신과 가족, 그리고 가까운 사람들만을 위해 돈을 쓰는 것에 별다른 효용을 느끼지 못하는 부자들이 이러한 방식으로 소비하기를 선호한다.

예를 들어 "지구가 우리의 유일한 주주입니다"라는 말을 남기며 4조 원이 넘는 회사 지분을 통째로 기부한 글로벌 아웃도어 기업 파타고니아Patagonia 창업주 이본 쉬나드Yvon Chouinard는 이런 소비를 실천한 대표적인 부자다. 애초에 사업가가 될 생각이 없었던 이본 쉬나드는 그의 바람과는 달리 사업가로서 아찔한 성공을 거두었다. 그는 자신이 번 돈을 재단에 기부하고, 여생을 환경 문제를 해결하고 지구를 살리는 데 봉사하겠다는 뜻을 밝혔다.

비단 이본 쉬나드뿐 아니라, 이타적인 목적으로 천문학적인 금액을 사회에 기부하는 부자는 세상에 무수히 많다. 재단을 세워 기부를 보다 체계적으로 하거나, 미술관을 만들어 자신이 보유한 예술품을 대중에 공개하거나, 돈이 없어서 교육을 받지 못하거나 사업을 시작하지 못하는 청년세대를 위해 거금을 투척하기도 한다. 심지어 특출난 부자가 아니더라도 번 돈의 일부분을 소소하게 사회에 후원하는 작은 영웅들 역시 우리 사회에 존재한다. 이런 점을 보면, 나는 자본주의에 아무런 휴머니즘과 희망이 없다고는 생각하지 않는다.

요약하자면, 부의 수준이 증가함에 따라 소비 대상은 재화 및 기호에서 문화 자본의 축적으로 이행한다. 또한 본인의 욕구만을 충족하는 소비는 줄어드는 반면, 직접적인 이해관계가 없더라도 타인과 세계를 위한 이타적인 소비는 늘어나는 경향이 있다.

돈은 어떻게 버는지 못지않게 어떻게 쓰는지도 중요하다. 이 글을 읽는 것을 계기로 독자들도 앞으로 돈을 어떻게 쓸지를 한번 곰곰이 생각해보기 바란다. 주지하고 싶은 사실은 우리는 모두 사회와 세계에 크고 작은 빚을 지고 있다는 것이다. 이것이 우리가 세 번째 단계의 소비에 관심을 가져야 하는 이유다.

# PART 3

# 월급쟁이의 기쁨과 슬픔

ABOUT MONEY

"

잠자는 동안에도

돈이 들어오는 방법을 찾아내지 못한다면

당신은 죽을 때까지 일을 해야만 할 것이다.

_ 워런 버핏

"

# 공부 머리와 돈 버는 재주

다음은 미래학자 엘빈 토플러$^{Alvin\ Toffler}$가 한국의 교육 시스템에 개탄하며 남긴 말이다.

> "한국의 학생들은 하루 15시간 동안 학교와 학원에서 미래에 필요하지도 않은 지식과 존재하지도 않을 직업을 위해 시간을 낭비하고 있다."

실로 그렇다. 한국의 교육 시스템은 '순종적인 월급쟁이'를 사회에 배출하는 데 최적화되어 있다. 이러한 교육 시스템에 익숙해진 사람들은 정해진 매뉴얼을 따르는 것, 이를테면 선생님 말 잘 듣기, 높은 시험 점수받기, 남들이 선망하는 학교에 입학하기, 스펙 쌓아서 큰 회사에 취직하기, 자격증 따기 등에는 능숙하다. 하지만 비판적인 사고를 하고 정답이 없는 일을 능동적으로 처리하는 데는 익숙하지 못하다. 고도로 발달한 AI<sup>Artificial Intelligence, 인</sup> <sup>공지능</sup> 기술이 적용될 미래 사회에는 이런 사람들이 할 수 있는 일 이 점점 없어질 것이라는 게 미래학자들의 공통된 견해다.

한국 학생들이 쓸데없는 일에 인생을 낭비하는 이유는 대개 기성세대 때문이다. 어른들은 공부를 잘하는 것과 성공을 동일 시하며 아이들의 인생에 지나치게 간섭하려 든다. 그들은 명문 학교에 입학하고 스펙을 쌓은 뒤 남들이 선망하는 직업을 가지 는 것을 바람직한 삶의 정답으로 설정하고, 아이들에게 이를 따 를 것을 강요한다.

하지만 어른들의 말을 고분고분하게 듣고 모범생으로 자란 아이는 자라서 자신이 속았다는 사실을 언젠가 깨닫기 마련이 다. 학교 성적과 성공은 그다지 큰 상관관계가 없다는 것을, 그리 고 학교에서 공부를 잘하는 것과 돈을 잘 벌고 다루는 능력은 전 혀 별개의 것임을 말이다.

# 학창 시절 공부를 잘했던 친구들은
# 대부분 월급쟁이가 되었다

• • •

학창 시절 공부를 잘하던 그 친구들은 뭐하고 있을까? 주로 세 가지 경우다. 주변을 보면 공무원이 되었거나, 대기업에 취직했거나, 전문직이 되었다. 대체로 본인의 노동력과 시간을 팔아서 먹고사는 월급쟁이 신세다. 업계와 전문성에 따라 처우 차이는 분명 있지만, 어쨌든 월급쟁이의 한계는 명확하다. 부의 방정식은 곱셈의 법칙을 따르는 법인데, 월급쟁이는 덧셈의 법칙[(+): 더 많은 근로 소득, (-): 지출 통제]에 얽매여 있기 때문이다. 따라서 금수저가 아닌 이상, 공부를 잘했던 모범생들은 졸업 후 일반적으로 돈 문제에서 자유롭지 않은 듯하다. 남들보다 연봉이 좀 더 높다고 해서 우쭐해할 필요도 없다. 왜냐하면 고연봉을 받는 직업은 강도 높은 근무 시간, 경쟁적인 조직 문화, 오랜 수련 기간, 짧은 직업 수명, 높은 고정비 지출 등 반드시 그에 상응하는 대가를 치르기 때문이다.

드물긴 하지만 학창 시절 공부를 잘하던 친구들 중에서 자본가가 된 사례도 있다. 명문 학교를 졸업 혹은 중퇴해서 자기 사업을 하거나 투자자로 전향해서 성공한 경우다. 그들은 남들이 맹목적으로 스펙을 쌓는 사이에, 어떻게 하면 돈이 꽃피는 나무를 심고 가꿀 수 있을지를 치열하게 고민하고 숱한 시행착오를 겪은 뒤 마침내 자본가가 되었다. 이런 부류의 사람은 일반적으로 비교적 유리한 가정 환경에서 태어났고, 여타 모범생에게는 찾아볼 수 없는 배짱과 승부사적인 기질이 있다. 게다가 그동안 수많은 경쟁에서 승리해왔기 때문에 자신감이 넘친다. 이런 사람들이 특히 경계해야 하는 것은 '오만'인데, 이것만 잘 통제하면 그들은 부자로 '남을' 수 있다.

그렇다면 공부 머리와 돈 버는 재주는 상관성이 있을까? 다양한 사례를 접하며 내가 내린 결론은 그럴 수도 있고 아닐 수도 있다. 교과서를 달달 외우고, 수업 시간에 필기를 잘하고, 시험에서 높은 점수를 받는 능력은 돈 버는 재주와 아무런 관련이 없다. 이 능력치가 높은 모범생이 정작 비판적 사고 능력과 상상력이 부족하다면, 오히려 그는 '똑똑한 바보'로 전락할 가능성이 높다.

똑똑한 바보는 사회적으로 인정받는 스펙은 준수한 편이지만(대표적으로 학벌이나 직장이다), 인습에 사로잡혀 스스로 생각하고 창의적으로 행동하는 능력은 결여되어 있는 자다. 똑똑한 바보는 '남들이 가지 않은 길'을 발견할 호기심이 없을뿐더러, 설령 그 길을 발견한다 하더라도 이를 탐험할 용기가 없다. 대개 똑똑한 바보는 순종적인 월급쟁이가 되어 평생 돈 문제에서 자유롭지 못한 신세가 된다.

한편 공부 머리는 단순한 암기력뿐 아니라 호기심, 인내심, 자기 규율, 판단력, 승부욕 등의 능력도 포괄하는데, 이는 돈 버는 재주와 양(+)의 상관관계를 가진다. 이 중에서도 특히 호기심은 돈 버는 재주와 관련이 깊다. 돈 버는 재주가 탁월한 사람은 호기심 가득한 아이의 눈으로 세상을 바라보고, 학생의 자세로 새로운 문물을 받아들일 준비가 되어 있는 자다. 그들은 남들이 가지 않는 길을 발견하는 능력이 탁월하고, 기꺼이 그 길에 발을 내디딜 용기가 있다. 이때 호기심이 많다고 해서 반드시 학벌이 우수한 것은 아니다. 대학을 가지 않더라도 혹은 명문 대학을 졸업하지 않더라도 왕성한 호기심으로 배움을 멈추지 않고 성공하는 사람이 있는 반면, 좋은 학벌로 한때의 승리에 도취되어 똑똑한 바보로 전락하는 사람도 있다.

인상적인 점은 공부 머리는 전혀 없지만 돈 냄새는 기가 막히게 잘 맡는 부류의 사람도 존재한다는 것이다. 그들은 동물적인 감각으로 돈을 쫓아다닌다. 불법과 합법의 경계를 오가며 교묘하게 반칙하거나, 돈이 몰리는 트렌드를 빠르게 캐치해서 혜택을 본 뒤 금세 다른 돈벌이를 찾아 떠나거나, 재야의 투자 고수로 활동하는 경우가 이에 해당한다. 이런 부류의 사람 중 인간적으로 존경할 만한 구석이나 기품을 도저히 찾아볼 수 없기도 하지만, 돈 버는 재능만큼은 특출난 경우도 있다. 이들은 대개 학벌이 우수한 사람을 부하 직원으로 부리면서도 정작 본인은 가방끈이 짧은 것에 열등감이 있다. 따라서 그들은 돈으로 학위를 사거나 자식에게 강박적으로 고등 교육을 시키는 방식으로 자신의 열등감을 극복하려 한다.

공부를 하는 목적이 돈 혹은 사회적, 경제적 성공으로 일컬어지는 직업적 성취밖에 없다면 방향성을 진지하게 고민해볼 필요가 있다. 모든 사람이 빌 게이츠나 마크 저커버그Mark Zuckerberg 같이 사업을 위해 극단적인 선택(그들은 사업을 위해 세계 최고 명문대인 하버드대학교를 중퇴했다.)을 할 필요는 없지만, 미래에 불필요한 지식과 존재하지도 않을 직업을 위해 금쪽같은 청춘을 허비하는 것은 분명 비극이니까. 나는 아이들이 맹목적으로 공부할 바에는 세계와 자연과 인간과 주변의 사소한 모든 것에 호기심을 가지고 즐겁게 노는 것이 훨씬 낫다고 믿는다. 미래의 부는 가방끈만 긴 똑똑한 바보들이 아니라 호기심 가득한 괴짜들에게서 창출된다고 믿기 때문이다.

# 가장 위험한 선택

다음은 메타<sup>Meta</sup>의 CEO<sup>Chief Executive Officer, 최고 경영 책임자</sup> 마크 저커버그가 남긴 말이다.

"정말 빠르게 변화하는 세상에서 실패가 보장되는 유일한 전략은 위험을 감수하지 않는 것입니다."

이 말은 비단 첨단 IT 산업뿐 아니라 돈의 세계에서도 그대로 통용된다. 아무런 위험을 감수하지 않는 것, 매달 입금되는 월급에 중독되는 것, 별생각 없이 생산과 소비의 쳇바퀴를 무한정 도는 이러한 행태는 승자 독식 자본주의 게임에서 패자가 되는 지름길이다.

## 자본주의의 축소판, 부루마블

• • •

위 맥락을 이해하기 위해 부루마블의 사례를 보자. 이 게임의 법칙은 단순하다. 게임 참가자들은 주사위를 굴려 이동하고, 보드 1바퀴를 돌 때마다 일정한 돈을 수령한다. 참가자는 모은 돈으로 땅을 사서 개발한 뒤 다른 참가자들에게 통행료를 징수할 수 있다. 운이 좋은 참가자는 남들보다 빨리, 더 많은 부를 축적할 수 있다. 시간이 흐를수록 특정한 참가자에게 부가 집중되고, 나머지 참가자들은 점점 통행료를 낼 여력이 없어진다. 최후의 승자를 제외한 다른 모든 참가자가 파산하면 게임은 끝이 난다.

부루마블은 일종의 자본주의 축소판이라 할 수 있다. 모든 참가자는 매회 주사위를 던지고, 보드판을 1바퀴 돌면 공평하게 돈을 벌 수 있다. 이 게임에서 패자가 되는 가장 확실한 방법은 아무런 투자 위험을 감수하지 않고 성실하게 주사위만 굴리면서 일정한 돈을 버는 것이다. 왜냐하면 땅을 사고 개발하는 비용 지출 없이 1바퀴를 돌 때마다 일정한 돈을 수령해 초기에는 남들보다 많은 돈을 보유할 수 있지만, 시간이 지날수록 각종 공과금과 더불어 눈덩이처럼 불어나는 통행료 지출 때문에 결국 파산하기 때문이다.

게임의 승패를 결정짓는 요소는 1바퀴를 돌 때마다 받는 노동 소득이 아닌, 땅과 건물에 투자해서 얻는 자본 소득, 그리고 행운이다. 특히 행운의 역할이 중요하다. 게임판 곳곳에는 '황금 열쇠'라는 칸이 있는데, 운에 따라 황금 열쇠가 때로는 수입, 통행료 면제 등과 같이 오아시스 역할을 하기도 하고 때로는 지출, 각종 벌칙 등 지뢰밭 역할을 하기도 한다.

## 성공한 사람들은 위험을 감수하는 모험을 택했다

• • •

주지하고 싶은 사실은 경제적으로 여유 있고 사회적으로 존경받는 사람들은 모두 위험을 감수한 모험가라는 점이다. 그들은 남들이 가지 않는 길을 갔고, 무수히 시행착오를 거쳐 성공했다. 반면 대부분은 남들을 따라 안전지대에 머무르는 것을 선택한다. 왜냐하면 군중의 일원이 되고 싶은 것이 인간의 DNA<sup>Deoxyribo Nucleic Acid</sup>(유전자의 본체)에 박제된 본성이기도 하고, 안전지대 '저 너머의 세계'가 존재한다는 사실을 모르는 사람도 더러 있기 때문이다. 마치 플라톤의 '동굴의 우화'처럼 말이다. 또한 저 너머의 세계를 인지한다고 하더라도 안전지대에 매여 있는 줄을 끊어낼 용기가 부족한 탓도 있고, 안전지대를 벗어나려는 자를 저지하려는 타인의 방해 공작 때문일 수도 있다.

안전지대에 머무르는 모범 시민을 상징하는 키워드는 스펙, 취업, 맹목적으로 열심히 혹은 바쁘게 살기, 월요병, 퇴근 후 무기력한 삶, 신용 카드 할부, 주택 담보 대출, 정년 보장, 정시 출퇴근 등이다. 모범 시민이 월급을 받는 사회인이 되었을 때, 그는 당장은 돈 문제를 겪지 않는다. 마치 부루마블 게임 초기 참가자처럼 말이다. 그러나 점점 시간이 지나면서, 모범 시민은 근로소득 상승률이 자본 수익률을 초과하는 것이 불가능에 가깝다는 점을 깨닫고는 돈 걱정을 하기 시작한다. 영원히 안락함을 보장할 것만 같았던 안전지대가 알고 보니 깊은 늪이었다는 사실에 그는 큰 혼란에 빠진다.

이런 상황에서 건전한 자의식을 가진 사람이라면 다음의 주제를 진지하게 자문自問할 것이다. '과연 이렇게 사는 것이 맞는 것일까?' 익숙한 안전지대가 갑자기 이질적으로 느껴지면서 그는 안전지대를 벗어나고픈 충동이 생긴다. 알베르 카뮈Albert Camus는 『시시포스 신화』에서 이러한 심리 변화를 다음과 같이 탁월하게 묘사했다.

"똑같은 리듬으로 반복되는 월·화·수·목·금·토 이 행로는 대개 어렵지 않게 이어진다. 다만 어느 날 문득, '왜?'라는 의문이 솟아오르고 놀라움이 동반된 권태의 느낌 속에서 모든 일이 시작된다."

모범 시민이 안전지대에 머무른 채 현대판 시시포스의 삶(제우스를 속인 죄로 영원히 바위를 산 위로 밀어올리기를 되풀이하는 벌을 받았다.)을 살기 원한다면 그 또한 존중받아 마땅하다. 익숙한 것에 결별을 고하는 일은 상당한 용기를 필요로 하기 때문이다. 다만 똑같은 행동을 반복하면서 다른 결과를 기대하는 것은 '정신병'이라는 알베르트 아인슈타인Albert Einstein의 말을 명심해야 한다. 다시 말해 위험을 감수하지 않으면 기적이 발생할 가능성이 거의 없다는 사실을 인정하고 기대를 내려놓아야 한다는 뜻이다. 아무 일도 하지 않으면 아무 일도 일어나지 않는다. 때때로 사람들은 이 단순한 원칙을 잊고는 요행을 바라는 경향이 있다.

인생에 지대한 영향을 미치는 결정적인 선택의 순간들, 즉 운명을 바꾸는 변곡점은 놀라우리만치 사소한 계기로 급작스럽게 찾아올 수 있다. 여기에는 항상 행운과 위험이 공존하고 있다. 불확실성의 모습을 한 채로 말이다. 수많은 선택지 중에서 가장 위험한 선택은 그 어떠한 위험도 감수하지 않는 것이다. 그러니 불확실성의 장단에 맞추어 춤을 추어라. 두려움을 떨쳐내고 안전지대 저 너머의 세계를 탐험하라. 다가올 파괴와 창조의 시간을 고대하라. 프리드리히 니체Friedrich Nietzsche의 말을 마지막으로 글을 줄인다.

"위험하게 살아라. 당신의 도시를 베수비오 기슭에 세워라. 당신의 배를 미지의 바다를 향해 띄워라. 자신과 생각이 다른 사람들과 끊임없이 싸우며 살아라."

# MZ세대와 파이어에 관한 생각

## 현재를 즐겨라, 욜로

• • •

수년 전, 욜로You Only Live Once, YOLO라는 말이 유행한 적이 있다. "한 번뿐인 인생, 즐기자!"는 의미의 욜로 가치관은 MZ세대를 중심으로 전폭적인 지지를 받았다. 참고로 MZ세대는 산업화 이후, 평균적으로 부모세대보다 가난한 최초의 세대다. 그들은 자신을 개인의 노력만으로는 계급을 바꾸기 어려운 역사적 표준으로 회귀하는 세대, 열심히 살아도 어차피 바뀌지 않는 인생이라 여긴다. 불안한 미래를 외면하기라도 하듯, MZ세대는 그렇게 욜로를 부르짖었다. 그들은 저축을 등한시하며 소소한 사치를 즐기고, 해외여행을 가며 현재를 즐겼다. 물질문명에 반항하며 자유를 추구하는 보헤미안의 라이프 스타일과 결이 맞닿은 듯하지만, 욜로 가치관은 소비주의에 변질되어 과소비를 정당화하는 사회 풍조를 낳았다. 이는 개인적으로 아쉬운 부분이다.

그러나 코로나19 팬데믹 사태를 전후로 욜로 열풍은 잠잠해졌다. 원인은 다음과 같다. 전례 없는 수준의 양적 완화로 자산 가격이 폭등하는 과정에서, 그동안 굳게 닫혀 있었던 계급 상승의 문이 다시금 활짝 열렸다. 이재에 밝은 MZ세대는 이 기회를 놓치지 않고 주식, 암호화폐, 부동산 투자 등으로 단기간에 큰 부를 축적하는 동안, 욜로를 외치며 소비에 골몰하던 MZ세대는 '상대적으로' 가난해졌다. 도저히 불가능할 것만 같았던 부의 재분배가 실현됨에 따라, '하면 된다'는 긍정의 테제와 더불어 현재를 즐기는 것보다는 미래를 대비하는 것이 중요하다는 가치관이 다시금 공감대를 얻기 시작한 것이다.

MZ세대 내에서도 경제적 격차가 벌어지는 사례가 많아지자, 소위 포모 증후군Fear Of Missing Out, FOMO(자신만 뒤처지거나 소외되고 있다는 두려움을 가지는 증상)이 나타났다. 막연한 미래에 대한 두려움, 투자를 하지 않으면 벼락거지가 될 수 있다는 두려움, 자력으로는 도저히 내 집 마련을 할 수 없다는 두려움, 노후 대비에 대한 두려움, 그리고 무엇보다도 가장 공포스러운, 본인과 유사한 위치 혹은 자기가 볼 때 그보다 하위에 있던 동류 집단과 경제적 격차가 벌어지는 것에 대한 두려움 말이다. 이러한 갖가지 두려움이 바이러스처럼 급속하게 퍼졌고 다급해진 MZ세대를 중심으로 주식, 암호화폐 같은 고위험 자산 투자 열풍이 불었다. 그 결과 욜로에 기반한 소비 트렌드는 '영끌' '빚투' 등과 같은 투자 트렌드로 완전히 대체되었다. 비록 최근에는 금리 인상으로 자산 시장이 하락하면서 투자에 대한 관심이 예전만큼 높지는 않지만 말이다.

## 내일을 위해 준비하는 오늘, 파이어

• • •

한편 욜로의 빈자리를 대신한 최근 MZ세대의 키워드는 파이어Financial Independence, Retire Early, FIRE인 듯하다. 파이어는 경제적으로 자립해서 조기 은퇴함으로써 고역스러운 노동의 굴레에서 벗어나 자유를 추구하는 라이프 스타일을 뜻하는데, 이를 추구하는 사람들을 일컬어 파이어족이라 한다. 보통 은퇴 시기는 50~60대다. 그러나 파이어족은 월급쟁이로 사는 데 회의감을 느끼고 30~40대 은퇴를 목표로 한다. 그들은 목표를 달성하기 위해 극단적으로 소비를 줄이거나, 공격적으로 투자를 하거나, 아니면 각종 사이드 프로젝트로 회사에서 받는 월급 외 수입을 늘리는 일에 주력한다.

파이어족에도 세 가지 종류가 있다. 첫째로 'fat 파이어'는 노동 소득이 있는 현재의 생활 수준을 은퇴 후에도 유지하려는 라이프 스타일을 뜻한다. 이를 위해서는 풍부한 은퇴 자금 및 견조한 현금 흐름을 창출할 수 있는 투자 전략 설계가 필요하다. 둘째로 'lean 파이어'는 소비 욕구를 억제해 노동 소득이 있던 때보다 생활비를 유의미하게 줄인 채, 미니멀리즘을 추구하는 라이프 스타일을 뜻한다. 마지막으로 'barista 파이어'는 fat 파이어와 lean 파이어의 중간 단계로, 노동 소득의 공백을 노동 소득보다는 적은 파트타임이나 사이드 프로젝트로 일정 부분 벌충한 채, 분별력 있는 소비를 하며 적절한 생활 수준을 유지하는 라이프 스타일이다.

흔한 오해 중 하나가 파이어족은 모두 부자라는 것이다. 물론 축적한 부가 많을수록 파이어에 유리한 것은 사실이다. 그러나 파이어에 영향을 미치는 변수는 절대적인 부의 수준뿐 아니라, 자신이 은퇴 후 어떤 라이프 스타일을 추구하며 살 것인지의 기준도 포함된다. 즉, lean 파이어 혹은 barista 파이어를 준비한다면, 파이어에 필요한 돈이 생각보다 적을 수 있다는 뜻이다. 실제로 대도시에서 일하다가 은퇴 후 귀농 혹은 고향에 돌아가 소박한 라이프 스타일을 향유하며 사는 파이어족을 주변에서 심심치 않게 볼 수 있다.

그렇다면 돈이 얼마나 있어야 파이어가 가능할까? 흔히들 '4% 법칙'을 제시한다. 미국 트리니티대학교의 연구에 따르면, 은퇴 자금을 주식과 채권으로 투자 포트폴리오를 알맞게 구성하면, 매년 4%를 인출하더라도 회사에 다니지 않고도 평생 생활비를 쓸 수 있다. 바꾸어 말하면 1년 생활비에서 25배를 곱한 금액이 적정 은퇴 자금이라는 뜻이다. 예를 들어 1년 생활비가 4,000만 원이라고 한다면, 은퇴에 필요한 금액은 10억 원이다.

하지만 4% 법칙은 20세기 데이터에 근거한 연구 결과이기 때문에 21세기에도 그대로 적용할 수 있는지는 의견이 분분하다. 파이어를 위해서 필요한 목표 금액은 거주 장소, 가족계획, 소비 스타일, 파트타임 및 사이드 프로젝트 수입, 투자 수익률 등과 같은 다양한 변수에 따라 조정된다. 게다가 21세기는 자산 동조화 현상(자산 간 상관 계수가 높아지는 현상), 기대 수명 연장, 매크로 환경(금리, 물가, 환율, 지정학 이슈 등 거시 경제에 영향을 미치는 요인) 변화, 혁신 기술 출현 등으로 20세기 투자 환경과는 전혀 다른 양상을 보인다. 따라서 나는 4% 법칙이 오늘날에도 유효한지에 조심스러운 입장이다. 다시 말해서 1년 생활비보다 25배 많은 금액을 모았다고 섣불리 은퇴하는 것은 말리고 싶다는 뜻이다. 월급이 주는 안정감은 생각보다 크다. 월 300만 원 급여를 수령하는 것은 연 4% 금리 기준으로 9억 원 수준의 현금 흐름성 자산을 보유한 것과 같다. 따라서 월급을 포기하고 파이어하는 것은 반드시 심사숙고해야 한다.

주변의 파이어족을 관찰한 결과, 나는 그들에게서 몇 가지 공통점을 발견했다. 첫째, 파이어족은 투자를 좋아한다. 파이어족은 투자하는 과정 그 자체를 즐거워하며 투자를 평생 해야 하는 학습이자 놀이로 여긴다. 둘째, 파이어족은 은퇴를 한 후에도 새로운 일을 찾고 거기에 몰두한다. 흔히 파이어를 하면 남은 생에는 세계 여행을 다니거나 푸른 바다가 보이는 휴양지에 터를 잡고 유유자적할 것으로 생각한다. 이는 절반만 맞는 사실이다. 파이어족이 은퇴 후 재충전의 시간을 가지는 것은 맞다. 하지만 파이어족은 일반적으로 워커홀릭workaholic, 일 벌레 성향이기 때문에 그들은 대개 금세 새로운 일을 찾고는 거기에 열정적으로 임한다. 셋째, 파이어족은 전반적으로 삶의 만족도가 높다. 어떤 사람에게 파이어족이 된 소감을 물으니, 청소년이 막 성인이 되었을 때의 기쁨 이상으로 비유하며 다음과 같이 말했다. "회사나 불필요한 인간관계에 휘둘리지 않고 주체적인 삶을 사는 것이 얼마나 좋은지 몰라요."

나는 이 글을 읽는 모두가 파이어를 실천하며 자유를 만끽할 것이라 생각하지 않는다. 왜냐하면 인간이라는 불운한 동물은 자유라는 타고난 선물을 되도록 빨리 넘겨줄 대상을 찾고 싶은 욕구보다 더 긴급한 욕구를 가지고 있지 않기 때문이다. 대부분이 일정 부분 자유를 포기한 월급쟁이의 삶에 그럭저럭 만족하며 파이어를 시도할 엄두를 내지 못한다. 또한 나는 파이어족이 바람직한 인생의 표본이라고도 생각하지 않는다. 은퇴 후 삶의 방향성을 명확하게 설정하지 않고 파이어족이 되면, 오히려 삶의 목적을 잃고 방황하기 마련이다. 한편 더러는 충분한 경제적 자립을 하고도 회사에 남아 사이드 프로젝트를 하거나 사회 활동을 하는 삶을 택한다. 이러한 선택 역시 존중받아야 마땅하다.

한때 유행했던 욜로 열풍이 잠잠해진 것처럼, 투자 침체가 장기화되고 부의 재분배 기회가 줄어들면 언젠가 파이어의 관심 역시 사그라질 것이다. 이미 2022년 들어 금리 인상이 본격화되고 자산 시장이 하락하면서 일터에 다시 복귀한 파이어족도 심심치 않게 보인다.

그럼에도 파이어는 은퇴에 관한 새로운 관점 및 월급쟁이가 아닌 대안적인 삶을 제시했다는 점에서 나름의 의미가 있다. 우리는 모두 언젠가 은퇴해야 한다. 자발적이든 비자발적이든 말이다. 100세 시대에 월급쟁이의 수명은 고작 20~30년 남짓한 수준이다. 비자발적으로 은퇴'당하기' 전에, 은퇴 후의 삶을 모색하는 것은 분명 건강한 고민이다. 은퇴 후 어떻게 살 것인가? 이 질문의 답이 아직 명쾌하지 않다면, 치열하게 돈을 공부하고 고민해야 한다. 다행히 아직 시간은 있다.

# 월급의 중요성

문제를 해결하는 첫 단계는 일단 문제를 명징하게 인식하는 것이다. 그러므로 돈과 관련한 각종 문제에 자유로워지고 싶은 자라면 일단 다음의 명제들을 받아들일 필요가 있다. 모두 앞서 다룬 내용이다.

- 금융 문맹은 생존을 어렵게 만든다.
- 돈이 돈을 버는 자본주의 시스템에서 월급쟁이는 결코 부자가 될 수 없다.
- 부를 늘리는 것 못지않게 지키는 것 역시 중요하다.

- 월급 외 소득원을 형성하는 과정은 척박한 환경에서 돈이 꽃피는 나무를 키우는 것과 같다.
- 돈이 있다고 반드시 행복한 것은 아니지만 돈이 없는 것보다는 훨씬 유리하다.
- 돈을 벌고 돈을 잃는 것에 영향을 미치는 가장 큰 요소는 행운이다.
- 위험을 감수하지 않고 월급에만 의존하는 것은 자본주의 게임에서 가장 확실하게 패배하는 법이다.


## 월급 중독은 부의 서행차선을 타려는 것이다

• • •

먼저, 앞에서 의도적으로 월급의 부정성을 강조했다는 점을 나는 고백하고 싶다. 왜냐하면 월급은 마약과도 같아 중독을 경계할 필요가 있기 때문이다. 월급에 중독된 월급쟁이는 일반적으로 평생 돈 문제에 자유로워질 수 없다는 것이 나의 견해다. 회사라는 조직에 소속되어 월급을 받는 것에 익숙해지다 보면, 나중에는 조직과 본인을 동일시하며 돈을 버는 것이 온전히 자신의 능력 덕분이라 생각한다. 또한 조직의 후광을 자신의 것인 양착각하며 자랑하는 경우도 있다. 마치 마구간에 매여 있는 말이 안장을 뽐내듯이 말이다. 그러다 예기치 않게 조직을 나가게 되면 그제서야 깨닫는다. 그동안 조직 내에서 자신이 맡았던 역할이 사실은 쉽게 대체될 수 있는 부품이었다는 것을. 조직 내에서 대단해 보였던 자신의 존재가 조직 밖에 나가면 아무것도 아니라는 사실을 말이다.

월급이란 무엇인가. 월급의 정의는 노동자가 회사에 시간과 노동력을 제공한 대가로 고용주에게 받는 임금이다. 금수저가 아닌 이상 보통 사람들에게 월급은 학자금 대출금, 신용 카드 할부금, 주택 담보 대출금, 이 외 각종 공과금을 낼 수 있게 도와주는 생명수와 같다. 충분한 자본 소득을 형성하지 못한 사람들에게는 일반적으로 월급이 생애 소득의 대부분을 차지한다. 따라서 그들은 가급적 회사를 오래 다니며 수령하는 월급을 늘린 뒤, 은퇴 후 연금을 받는 생활을 목표로 한다. 다시 말해 인생의 행로를 부의 서행차선으로 설정하는 것이다.

반면 부의 추월차선을 타려는 사람들에게는 월급의 정의가 보통 사람들의 그것과 다르다. 그들에게 월급은 자본 소득을 형성하기 위한 수단일 뿐 결코 목적이 아니다. 따라서 그들은 조직에서 우수한 고과를 받고 승진해서 월급을 높이는 것에는 관심이 없다. 오히려 한정된 시간을 활용해 어떻게 하면 월급 외 다른 소득원을 만들어 퇴사할 수 있을지를 골몰한다. 앞서 다룬 파이어족이 바로 이 부류다.

# 회사 안이 전쟁터라면 회사 밖은 지옥이다

...

최근 들어 월급이 안정적으로 나오는 직장을 자발적으로 관두는 사람이 많아지는 추세다. 왜냐하면 요즘 젊은 사람들은 기성세대처럼 '워라밸work and life balance(일과 삶의 균형)'을 희생해가며 회사형 인간으로 살고 싶어 하지 않기 때문이다. 즉, 평생직장이 존재하지 않는다는 사실을 너무나 잘 인지하기에 회사에 목매지 않는다. "월급쟁이는 절대 부자가 될 수 없다"는 자본주의 게임의 법칙을 체득하고 있다는 점에서 적어도 그들은 문제를 올바르게 인식하고 있는 셈이다. 실제로 월급 외 창업, 프리랜서, 투자 등과 같은 다양한 방식으로 돈을 벌고 파이어하는 사례들이 미디어로 전파되면서 퇴사 심리를 부추기는 경향도 있다.

개인적인 경험에 비추어 보면, 월급을 받지 않고 경제 활동을 해보는 것은 분명 가치가 있다. 자기 사업을 하거나, 프리랜서가 되어 원하는 만큼 일하거나, 전업 투자자로 생활해보는 것은 회사를 다니는 것과는 전혀 다른 종류의 체험이다. 처음 안전지대에서 벗어나 불확실성의 심연을 접할 때는 벅찬 감동을 느낄 수 있다. 경주마의 눈가리개가 탁 풀리면서 시야가 넓어지는 경험, 나만의 시차로 시간이 고요하게 가는 듯한 인상, 주어진 시간표에서 벗어나 시간을 독립적으로 사용할 때의 기쁨, 마침내 자기의 삶을 살고 있다는 기분, 살아 있다는 느낌…. 월급과 회사라는 족쇄를 벗어난 사람은 이처럼 처음에는 무한한 자유를 느끼게 된다.

그러나 자유에는 책임이 따르는 법이다. 시간이 지나면서 안전지대 저 너머의 세계가 냉혹한 야생이라는 것을 깨닫는다. 회사 안이 전쟁터라면 회사 밖은 지옥이다. 고정적인 수입이 있는 월급쟁이와는 달리 창업가, 프리랜서, 투자자 모두 성과를 내지 않으면 수입이 없다. 각종 지출 비용까지 고려하면 순 현금 흐름이 오히려 마이너스(-)인 경우도 허다하다. 그가 다른 사람들 대비 많이 가진 자원은 시간이다 보니, 그는 돈을 벌기 위해 상당한 시간을 갈아 넣는다. 그래서 월급을 받지 않는 경제 활동을 하다 보면, 때로는 회사를 다닐 때보다 오히려 워라밸이 안 좋아지고 매일이 월요병 같은 기묘한 체험을 한다.

야생에서의 생존 경쟁에 지치다 보면 규칙적인 생활, 다시 말해 규칙적으로 시간과 노동력을 팔면서 월급쟁이로 사는 것이 가장 속 편하게 돈을 버는 일임을 깨닫는다. 바로 이러한 이유 때문에 나는 누군가 직장을 박차고 나가려고 할 때 월급의 중요성을 강조하며 말리는 편이다. 신중하게 생각하라고. 회사를 다니면서도 준비할 수 있지 않냐고, 야생에 나갈 대비가 충분히 되어 있냐고, 퇴사 후 최악의 경우 플랜 B가 무엇이냐고, 그리고 무엇보다도 '거절당할' 준비가 되어 있냐고 묻는다. 그럼에도 그가 안전지대를 벗어날 계획이라고 답한다면, 나는 진심으로 그의 모험을 응원해준다.

통계청에 따르면, 평범한 한국인의 생애 소득은 28세에 흑자에 접어들고 60세부터는 적자로 돌아선다. 즉, 20대 후반 경제활동을 하기 전까지는 적자이지만, 본격적으로 사회생활을 하고 돈을 벌면서 흑자에 접어들고, 약 30년의 시간이 지나고 은퇴한 뒤에는 다시 적자 구간에 들어서는 것이다.

30년의 시간은 길다면 길고 짧다면 짧은 시간이다. 나는 이 시간 동안 안정적으로 월급을 받으면서 사이드 프로젝트를 준비하거나 적극적인 투자로 돈이 꽃피는 나무를 키워 안전지대를 나갈 충분한 준비를 해야 한다고 생각한다. 철저한 준비 끝에 비로소 월급과 미련 없이 결별하는 것이야말로 평범한 사람들이 돈 문제에서 자유로워질 수 있는 가장 승률이 높은 방법이라고 믿는다. 특히 대단한 사업 아이템이나 프리랜서로 밥벌이를 할 수 있는 재능이 없는 평범한 사람이라면, 투자에 집중하는 것이 가장 가능성이 높은 방법이라 생각한다. 내가 이 책의 다음 파트를 투자와 관련한 내용에 할애한 이유다.

# PART 4

# 투자의 기본과 사이클의 이해

ABOUT MONEY

"

현명한 사람이 처음에 하는 일을
바보는 마지막에 한다.

_ 하워드 막스

"

# 그래서 뭐 사야 해

금융 투자 업계에서 일하다 보면 주변에서 종종 "그래서 뭐 사야 해?"라고 질문한다. 일반적으로 이런 질문을 하는 사람은 금융 지식과 투자 경험이 없는 초보인 경우가 많다. 왜냐하면 금융 투자 경력이 조금이라도 있는 사람이라면, 이런 식으로 다짜고짜 유망 투자처를 묻는 것이 얼마나 미숙한 행동인지 알기 때문이다. 충분한 맥락 설명 없이 "그래서 뭐 사야 해?"라고 묻는 것은 나를 잘 모르는 사람에게 앞으로 어떻게 살아야 하는지 자문<sup>諮問</sup>하는 것과 같다.

"그래서 뭐 사야 해?"라는 말을 들을 때마다 나는 그의 현재 재정 상황과 투자 포트폴리오가 어떤지, 목표 투자 수익률과 감당할 수 있는 손실은 어느 정도인지, 투자 기간은 얼마나 길게 설정할 것인지 등을 상세하게 묻는다. 어디까지나 이 주제로 처음 대화를 나누는 경우에 말이다. 그렇게 그의 투자 성향을 파악한 후에 상황에 맞게 투자 조언을 해주곤 하는데, 이때 투자의 책임은 본인이라는 말을 반드시 덧붙인다. 첫 조언 이후에도 상대가 피상적인 질문을 반복한다면, 나는 그와 투자 이야기는 더 이상 하지 않으려고 한다.

## 너 자신을 알라

• • •

투자를 제대로 하고 싶은 사람이 해야 할 첫 번째 단계는 바로 자신을 이해하는 것이다. "너 자신을 알라"는 오래된 철학적 명제는 투자 세계에서도 그대로 통용된다. 사람이 저마다 가지고 있는 기질과 본성이 모두 다르듯이, 투자 또한 마찬가지다. 실제로 본인에게 맞는 투자 방식이 개별 종목 직접 투자인지, 펀드 간접 투자인지, 혹은 주식·채권·외환·부동산·금·원유·암호화폐·미술품 혹은 기타 자산군 중에서 무엇을 중심으로 투자 포트폴리오를 구성하는 것이 효율적일지는 저마다 다르다. 또한 성향이 단기 매매를 위주로 하는 트레이더trader인지, 일단 한번 매수하면 수년 이상 장기 보유하는 투자자인지 역시 사람마다 다르다.

개인적인 투자 성향을 말하자면, 나는 금융 투자 업계에서 일한 경험을 바탕으로 간접 투자보다는 직접 투자를 선호하는 편이다. 그리고 트레이더보다는 장기 투자자에 가깝다. 차트를 보는 것에 관심이 없거니와 단기 매매를 잘하는 편도 아니기 때문이다. 그래서 특정 자산에 투자하기 전에는 신중하게 고민하지만, 일단 투자하기로 마음먹으면 적극적으로 매수하고 장기 보유하는 편이다. 손실을 보고 있을 때도, 투자 판단을 내릴 당시에 고려했던 사항들을 점검해보고는 변한 것이 없다면 과감히 추가 매수를 한다.

가령 어떤 물건이 좋아 보여 100원에 샀는데 시장에서 50원에 거래된다고 가정해보자. 이렇게 구매 당시보다 할인된 가격으로 거래되는 상황에서는 오히려 기뻐하며 추가 매수를 하고 기다려야 한다는 것이 나의 투자 철학이다. 투자 부문에서 내가 남보다 잘하는 것이 있다면, 충동적으로 행동하지 않고 차분하게 인내하는 것이다. "주식 시장은 참을성이 없는 자에게서 참을성이 있는 자에게로 돈이 이전되는 장치다"라는 워런 버핏의 말에 나는 전적으로 공감하는 편이다.

또한 매년 20% 이상의 수익을 내는 것을 목표로 하기 때문에 위험 성향은 다소 높은 편이지만, 과도한 레버리지 및 파생 상품은 절대 취급하지 않는다. 부동산이 아닌 이상 과도한 레버리지를 일으키는 것에 회의적이고, 파생 상품의 이해도가 낮기 때문이다. 많은 한국인이 선호하는 부동산 투자도 나는 선호하지 않는다. 부동산 투자는 세금이 높고, 정부 정책에 영향을 많이 받으며, 관리 및 유지 보수에 손이 많이 가고, 유동성이 낮기 때문이다. 주식이나 암호화폐 같은 유동성 자산이 나의 투자 포트폴리오에서 비중이 높은 편이다. 채권은 배당주를 사면 되기 때문에 투자 포트폴리오에 편입해본 적이 없다. 미술품은 신선한 영감을 주는 매개체이지만 투자처로 생각해본 적은 없다.

요약하자면 나는 간접 투자보다는 직접 투자를 선호하고, 주식·암호화폐 같은 위험 자산에 장기 투자하는 것에 익숙하며, 실거주 1채를 제외하고는 영끌로 매입하는 부동산을 비롯해 유동성이 낮은 자산군에 돈이 묶이는 것을 선호하지 않는다. 또한 과도한 레버리지와 파생 상품은 일절 건드리지 않는 것이 나의 투자 원칙이다. 주지하고 싶은 점은 이것은 어디까지나 숱한 시행착오를 거쳐 파악한 나의 투자 성향이라는 것이다.

이 글을 읽고 있는 당신의 투자 성향은 이것과 유사할 수도 있고, 전혀 다를 수도 있다. 자신의 투자 성향을 파악하기 위해서는 일단 충분한 시간을 들여 시행착오를 겪을 필요가 있다. 감당할 수 있는 수준으로 돈을 잃어보는 것도 투자를 배우는 좋은 방법 중 하나다.

한편 현대 사회에 범람하는 정보의 홍수는 투자자들을 혼란에 빠뜨린다. 너무 많은 정보는 소음과 신호를 구분하는 데 도움이 되기는커녕 오히려 소음만 증폭시킨다. 특히 각종 투자 실용서와 자칭 투자 전문가의 확신에 찬 의견은 대개 소음인 경우가 많다. 이를테면 이런 식이다. "앞으로 상가 투자가 뜬다" "지금 당장 달러를 사라" "이제는 미국 주식이다" "NFT<sup>Non Fungible Token, 대체불가능한 토큰</sup> 투자가 미래다" "절대로 전세 살지 말아라" 등 말이다. 소위 투자 전문가라고 주장하는 사람들은 자신의 이익에 부합하는, 혹은 어디까지나 자신에게만 유효한 결론을 유도하는 투자 정보를 퍼뜨리고, 이것은 미디어로 확대·재생산된다. 돈과 투자는 타인의 의견을 참고만 할 뿐 결코 맹신해서는 안 된다.

"그래서 뭐 사야 해?"라는 단편적인 질문을 하기에 앞서, '나는 누구인가'라는 진지한 고민을 하는 사람이 많아지면 좋겠다. 나는 철학자의 습성(자신과 대화를 많이 하기, 현상을 관조하기, 세계에 호기심 가지기, 의심하기, 골똘히 생각에 빠지기 등)이 곧 훌륭한 투자자의 자질과도 맞닿아 있다고 믿는다. 실제로 조지 소로스<sup>George</sup>

Soros, 피터 틸Peter Thiel, 칼 아이컨Carl Icahn 같은 훌륭한 투자자는 모두 철학을 전공했다. 충분한 시간을 들여 자기 자신을 파악한 뒤에 부화뇌동하지 않고 스스로 세운 원칙을 일관성 있게 지키고, 자신의 생각을 다각도로 검증하면서 세계를 관찰하고 그 어떤 상황에서도 충동을 억누르며 침착한 상태를 유지하는 철학자와 같은 자세를 견지하는 것이야말로 투자라는 평생 놀이에서 지속적으로 승리하는 길이라고 나는 생각한다.

# 인생을 바꿀 텐 배거

'싸게 사서 비싸게 판다'는 누구나 알고 있는 투자의 기본 원칙이다. 하지만 어리석게도 많은 사람이 이와 반대로 한다. 이를테면 이런 식이다. 누군가 특정 자산을 100이라는 가격을 지불하고 매수한다. 자산 가격이 110으로 오르면 그는 돈을 벌었다는 도취감에 빠지고 좀 더 공격적으로 매수하지 않은 것을 후회한다. 그래서 자산 가격이 130으로 오르면, 그는 자신의 실력을 과대평가하고는 본격적으로 투자금을 늘린다.

그런데 갑자기 자산 가격이 90으로 하락하면서 그는 초조함을 느낀다. 추가 매수를 해서 매입 단가를 낮추지만, 자산 가격이 다시 80으로 하락하면서 걷잡을 수 없는 불안함을 느낀다. 자산 가격이 다시 70, 60, 그리고 50으로 곤두박질치는 순간, 그는 공포에 질려 이렇게 외친다. "이대로 가다가는 0이 될 것 같아! 헐값에 넘길 테니 제발 누가 사주세요."

투자를 할 때, 매수 시기를 가늠하는 것보다 매입한 자산의 매도 시기를 고민하는 것이 훨씬 어렵다. 투자자가 자산 매도를 고려하는 상황은 둘 중 하나다. 매수가보다 가격이 올라서 차익 실현을 원하거나, 아니면 가격이 하락해 손절을 하거나. 전자는 그나마 쉬운 고민이다. 어쨌든 돈을 벌었기 때문에 어떤 선택을 해도 웃을 수 있다. 반면에 후자는 보다 신중한 선택이 필요하다. 일단 돈을 잃지 않는 것이 투자의 기본 원칙이고, 매수가 대비 가격이 하락한 상황은 오히려 저렴한 가격에 자산을 추가 매입할 절호의 기회일 수 있기 때문이다.

현명한 투자자는 어떠한 경우에도 섣불리 매도를 고려하지 않는다. 그에게 매도를 고민하게 만드는 변수는 자산의 '가격'이 아니라 자체적으로 소유하고 있는 경제적 능력·가치, 잠재적 성장성 등 '펀더멘털fundamental'이다. 즉, 자산 가격의 등락에 따라 매매를 하는 것이 아니라, 해당 자산에 투자하기로 결정했을 당시의 논거를 재점검하고, 자산의 펀더멘털을 체크해보며, 이보다 더 나은 투자처가 있는지를 고민한다. 그리하여 펀더멘털에 문제가 생겼거나, 보다 나은 투자처를 발견했다고 확신할 때만 자산을 매도한다. 이때 숙련된 투자자일수록 손절보다는 차익 실현을 하는 경우가 많다. 그리고 투자자의 숙련도에 따라 차익 실현의 강도 역시 높아진다. 가령 운이 좋으면 누구나 10%, 20% 수준의 차익 실현을 할 수 있지만, 10배, 20배 수준의 차익 실현은 전적으로 숙련된 투자자의 몫이다.

## 모든 부자들은 저마다의 텐 배거가 있다

• • •

위대한 투자자로 칭송받는 피터 린치Peter Lynch가 즐겨 사용한 표현 중 '텐 배거ten bagger'라는 게 있다. '10루타'라는 뜻으로 10배 이상의 수익을 낸 종목을 의미한다. "당신의 텐 배거는 무엇입니까?"라는 질문을 스스로 경제적 자유를 실현한 부자들에게 던졌을 때, 그들에게는 모두 이 질문에 대한 답을 가지고 있다는 공통점이 있다. 그것이 부동산, 주식, 암호화폐, 사업 지분이든 말이다. 여기서 우리가 주목해야 할 점은 텐 배거의 수익률이 아니다. 바로 해당 자산의 가격이 상승할 동안 매도하지 않고 참을성 있게 보유 혹은 매수해야 비로소 텐 배거의 과실을 딸 수 있다는 것이다. 이를 위해서는 상당한 자기 절제가 필요하다.

삼성전자, 아마존Amazon, 테슬라Tesla, 비트코인, 강남 아파트는 지난 수십 년간 저점 대비 적게는 10배에서 많게는 1만 배가 넘는 수익률을 자랑하는 대표적인 텐 배거 자산들이다. 텐 배거 자산들의 경이로운 수익률을 보면, 누구나 여기에 초기 투자하지 않은 것, 혹은 적은 금액만 투자한 것에 아쉬움을 느낀다. 그러고는 텐 배거 자산에 투자해 큰돈을 번 사람들을 보며 부러움을 느끼거나 그들이 운이 좋았다고 치부한다.

그런데 이렇게 생각해보자. 해당 자산이 매수가 대비 2배가 올랐을 때, 팔지 않을 투자자가 몇이나 될까? 혹은 해당 자산의 가격이 반 토막 났을 때 공포에 질려 매도하지 않을 사람이 몇이나 될까? 당신이라면 이 상황에서 어떻게 했을까? 텐 배거 자산에 투자해 부자가 된 사람들이 과연 '운'만 좋았던 것일까?

사실 텐 배거가 될 자산을 초기에 발굴하는 것은 거의 불가능에 가깝다. 아무도 주목하지 않고, 불확실성도 높으며, 정보도 제한적이기 때문이다. 따라서 이미 가격이 많이 상승해 시장에 잘 알려진 블루칩blue chip(건전한 재무 구조를 유지하고 있다고 주식 시장에서 판단되는 회사의 주식)을 선별한 뒤, 남은 인생을 투자 주기로 놓고 봤을 때 텐 배거의 가능성이 보인다면 포트폴리오에 포함시키는 것도 현실적인 방법이다. 이때 중요한 것은 매수한 자산을 섣불리 매도하지 않고 평생 보유할 태세로 장기 투자하는 것이다. 워런 버핏이 이끄는 버크셔 해서웨이Berkshire Hathaway가 코카콜라Coca-Cola 주식에 투자해 30년 넘게 보유하듯이 말이다.

인생의 동반자처럼 함께할 투자 자산은 평생을 통틀어 4~5개면 충분하다. 이 중에서 1~2개만 텐 배거를 실현해도 인생이 바뀔 수 있다. 너무 많은 종목에 무분별하게 투자하는 것은 오히려 방해만 된다. 분산투자는 자산이 최소 수십억 원이 넘는 부자들에게나 유용한 사치다. 생업과 투자를 병행해야 하는 평범한 사람들은 텐 배거가 될 잠재력이 있는 소수의 대상을 발굴하고 집중 투자한 뒤, 시세를 보지 않고 본업에 충실한 것이 합리적인 선택이다. 투자 자산의 펀더멘털이 악화되지 않고, 그가 적당한 수준의 절제력이 있다는 가정하에 말이다.

장기 투자하라는 흔하고 단순한 투자 조언을 나는 이렇게 변형해보고 싶다.

인생을 바꿀 텐 배거가 될 잠재력이 있는 자산에 집중 투자한 뒤, 매도하지 말고 평생 보유하라.

주지하고 싶은 사실은 10년 뒤 텐 배거가 될 잠재력이 있는 투자 자산이 '지금 이 순간에도' 우리 주변에 널렸다는 점이다. 다만 이것을 찾아내 투자하고 장기 보유하는 데 성공해서 궁극적인 수익을 낼 사람은 지극히 소수에 불과할 것이다. '평생 팔지 않을 자산에 집중 투자하기'라는 이 단순한 원칙을 지키기만 해도 누구나 일정 수준 이상의 부를 달성할 수 있음에도, 많은 사람은 절제력을 발휘하는 데 실패한다. 사실 선악과를 따 먹은 인간 자체가 자기 절제와는 거리가 먼 종이다. 바로 이 점이 투자 시장이 기회의 낙원인 이유다.

# 사이클은 영원회귀 법칙을 따른다

동일한 사건이 영겁의 시간에 걸쳐 되풀이된다는 니체의 영원회귀永遠回歸 사상은 많은 지식인을 당황하게 했다. 우리의 삶을 구성하는 모든 형태의 희로애락喜怒哀樂이 전혀 새로운 것이 아니라 그동안 반복적으로 재연된 역사에 불과해, 과거의 유물이 미래에도 동일한 형태로 무한히 등장한다면, 우리의 삶은 얼마나 허무하고 권태로운 것일까?

영원회귀의 굴레에 갇힌 인간의 역사를 보다 보면, 마치 극장에 앉아 지루하게 반복되는 영화를 관람하고 있는 기분이 든다. 돈과 투자에서도 '역사는 반복된다'는 말은 마찬가지인 듯하다.

아무리 돈의 형태 및 금융 기법이 발전하고 투자의 양태 또한 다양해졌다 하더라도, 이를 좌지우지左之右之하는 인간의 본성은 변하지 않았기 때문에 동일한 사건이 반복적으로 발생한다. 특히 투자에서 인간은 놀라울 정도로 일관된 패턴을 반복해왔고, 앞으로도 그럴 것이라 나는 감히 확신할 수 있다.

## 사이클의 이해

• • •

위 맥락의 이해를 돕기 위해 사이클을 설명하겠다. 사이클이란 일정한 순서로 발생하는 한 무리의 사건들로, 하나의 사건이 다른 사건을 뒤따르며 반복되는 현상이다. 사이클의 초기에는 소수의 영민한 투자자만 매수 포지션을 취하고 대부분의 사람은 미세한 변화를 알아차리지 못한 채 관망한다. 사이클이 중기를 지나 고점을 향해 갈 때는, 낙관론이 팽배하고 자산 가격이 폭등하며 시장은 과열된다. 이때 군중은 포모 증후군을 이기지 못하고 매수세에 뒤늦게 참여하는데, 현명한 투자자는 오히려 슬슬 시장을 빠져나갈 궁리를 하며 매도하기 시작한다. 사이클이 최고점을 찍고 하락세에 접어들면서 시장은 급격히 냉각되고, 군중의 매도세는 자산 가격의 하락을 부추긴다. 사이클이 막바지에 다다를 때는 시장에 비관론이 지배하고 대부분의 사람은 투자 자산을 거들떠보지도 않는다. 이때 현명한 투자자는 사이클이 다시 형성될 변곡점이 임박하지 않았는지 면밀하게 체크하며 매수 시기를 가늠한다.

이러한 사이클은 영원회귀의 법칙을 따른다. 투자 자산 종류를 불문하고, 시장은 항상 특정한 주기로 사이클의 탄생과 소멸을 일관되게 반복한다는 뜻이다. 이러한 패턴은 역사적으로 유효했으며, 앞으로도 반복될 것이다. 비이성적이고, 객관적이지 않으며, 군중심리에 휩싸이는 인간의 본성이 변하지 않는 한 말이다. 만약 철저히 인간의 감정을 배제한 채 기계의 알고리즘만으로 시장이 작동한다면, 아마도 사이클의 비이성적인 극단은 과거 대비 현저히 줄어들 수 있을지도 모른다.


## 현명한 사람이 처음에 하는 일을 바보는 마지막에 한다

• • •

'현명한 사람이 처음에 하는 일을 바보는 마지막에 한다'는 말이 있다. 이는 사이클이 작동하는 방식을 단순하게 설명한 문장이다. 사이클에 관한 현명한 사람의 통찰은 이 글을 읽고 있는 독자들이 생각을 정리하는 데 도움이 될 것이다. 오크트리 캐피털 Oaktree Capital의 하워드 막스Howard Marks만큼 사이클에 관해 통찰력 있는 사람을 나는 보지 못했다.

하워드 막스의 기본 투자 철학은 경제나 시장, 지정학 같은 매크로 분야에서 미래에 어떤 일이 발생할지 결코 예측할 수 없다는 것이다. 시장은 끊임없이 상승하거나 하락하는 일 없이, 주기적으로 상승과 하락을 반복하는 사이클을 따른다. 그러므로 무지를 인정하고 사이클의 이해도를 조금 높이는 것만으로 여타 분별력 없는 투자자 대비 훨씬 나은 성과를 거둘 수 있다고 그는 말한다. 나는 그의 의견에 전적으로 동감한다. 우리가 사이클에 대해 확실히 알 수 있는 것은 사이클이 영원회귀의 법칙을 따르며 탄생과 소멸을 반복할 것이라는 점이다. 반면 우리가 사이클에 대해 알 수 없는 것은 사이클의 탄생과 소멸에 영향을 미치는 외생 변수, 사이클의 지속 시기, 강도, 중간 균형 지점으로의 회귀 시점, 그리고 어쩌면 투자자에게 가장 중요할 수 있는 '현재 사이클의 지점'이다.

생뚱맞은 이야기처럼 느껴질 수 있겠지만, 자연은 우리에게 실로 많은 영감을 준다. 탄생과 소멸, 해와 달, 밀물과 썰물, 사계절의 순환 같은 현상들을 보고 있자면, 영원회귀 법칙이 투자 사이클뿐 아니라 인간의 삶, 더 나아가 자연에도 적용할 수 있다는 생각이 든다. 모든 것은 일정한 패턴을 형성하고 패턴은 반복되며, 극단적인 괴리 뒤에는 반드시 균형으로의 회귀가 뒤따른다. 그러므로 상승장에서 지나치게 들뜨거나 하락장에서 절망할 필요가 없다. 사이클은 영원회귀를 반복할 것이다.

'영원한 것은 없다. 이 또한 지나간다.' 이 단순한 진리만 숙지하고 있어도, 사이클을 역행하며 바보들과 같은 선택을 하는 실수를 막는 데 도움이 될 것이다.

# 군중심리와 사이클의 극단성

『군중심리』의 저자 귀스타브 르봉Gustave Le Bon은 군중심리를 다음과 같이 정의한다.

"특정 상황에서 형성되는 개인의 무리는 …(중략)… 개인의 감정과 생각이 집단화되어 모두 같은 방향을 향한다."

이는 개인이 모여 군중을 형성하면, 집단성을 갖게 된다는 것이다. 이 외에 군중의 또 다른 특징이 있다. 아무리 이성적인 개인이라 할지라도, 일단 군중의 일원으로 편입되면 충동적으로 변한다. 그는 더 이상 교양 있는 시민으로 존재하는 것이 아니라, 군중의 일원으로서 그의 내면에 잠재된 야만성을 극단적으로 표출한다.

사이클에 관심이 있는 투자자라면 군중심리를 이해할 필요가 있다. 왜냐하면 사이클의 탄생과 소멸에는 항상 군중심리가 관여하기 때문이다. 군중은 변덕스럽고 예민하다. 어제까지 환희에 들떠 있던 군중은 오늘은 사소한 이유로 금세 침울해질 수 있다. 군중심리에는 확실히 극단적인 면모가 있다. 바로 이 점 때문에 사이클은 이따금씩 정상적인 범주를 훨씬 벗어난다. 그러므로 사이클이 추세선을 이탈해 평균 대비 지나치게 고점이거나 저점을 형성하는 지점, 바로 이때가 최적의 투자 기회다. 현명한 투자자는 이러한 상황에서 군중심리에 휘둘리지 않고 침착하게 대응한다.

## 10년마다 발생하는 극단적인 사이클

...

사이클의 극단성이 강할수록, 투자의 기대 수익과 위험 역시 동시에 커진다. 투자로 자수성가한 사람들은 모두 극단적인 사이클에서 상당한 위험을 감수하고 수익을 최대화하는 데 성공한 사람들이다. 하지만 이런 기회는 흔치 않다. 운이 특출나게 좋지 않은 이상, 보통은 인생을 통틀어 총 서너 번 내외로 이런 기회가 주어지는 듯하다. 한창 일할 수 있는 시기를 20대에서 50대로 놓고 보면, 대략 10년에 한 번 정도 이런 기회가 온다는 뜻이다. 이 중에서 한 번의 기회만 잘 잡아도 인생이 바뀔 수 있다. 돈과 관련된 자신의 운명이 송두리째 바뀌는 아찔한 체험을 하는 것이다.

## 닷컴 버블 – 1990년대 말

실제로 지난 20~30년을 돌이켜보면, 비이성적인 군중심리에 기인한 극단적인 사이클이 여러 번 출현했고, 많은 사람의 인생을 바꿀 수 있었던 기회 역시 수차례 지나갔다. 가령 닷컴 버블 Dot-com bubble은 극단적인 상승장의 대표적인 예다. 1990년대 말, 인터넷에 대한 기대가 고조되면서 닷컴dot-com(인터넷을 기반으로 하는 사업체) 관련 주식 가격이 폭등했다. '이번에는 다르다'는 인식이 생기고, 날로 치솟는 주식 가격을 정당화하는 새로운 메커니즘이 등장했다.

자산 폭등 열차에 미리 탑승하지 못한 채 성실하게 회사를 다니던 사람들은 치솟는 주식 가격을 보며 허탈감을 느꼈다. 뒤늦게 매수 행렬에 동참하려는 군중심리가 형성되었지만, 곧 버블이 터지면서 대부분의 사람이 손실을 보았다. 소수의 영민한 사람만이 닷컴 버블 이후 신흥 부자로 자리매김했다.

## IMF 외환 위기 – 1990년대 말

반면 IMF International Monetary Fund, 국제 통화 기금 외환 위기는 극단적인 하락장의 예라 할 수 있다. 1990년대 말, 국가 부도 위기에 처한 한국은 IMF에서 자금을 지원받는 대가로 고통스러운 구조 조정을 실시했다. 이 과정에서 수많은 기업이 도산하고 국민들이 일자리를 잃었다. 원화, 기업, 부동산, 주식할 것 없이 한국과 관련된 자산 가격은 폭락했다.

공포가 지배하던 분위기 속에서, 일부는 하락장에 베팅하거나 헐값에 자산을 매수하는 방식으로 큰 부를 축적했다. 영화 〈국가부도의 날〉에 등장하는 금융맨 윤정학이 바로 이러한 경우다. 불길한 징후를 감지한 그는 한국이 망하는 쪽에 거액을 베팅하고 큰돈을 번다. 사이클의 극단성을 파악한 그는 영화에서 이렇게 말한다.

"지금이라고요, 지금. 내 인생이, 내 계급이, 내 신분이 싹 다 바뀌게 되는 순간이야."

## 미국 금융 위기 – 2000년대 말

2000년대 후반 미국 금융 위기 역시 극단적인 하락장의 대표적인 예다. 미국 부동산 버블이 터지면서 관련 파생 상품 포지션에 무분별하게 노출되었던 리먼 브라더스Lehman Brothers와 같은 대형 투자 금융 기관들이 파산했다. 월가에서 시작한 여진은 전 세계 금융 시장을 요동치게 만들었고, 사이클의 극단성을 낳았다. 연쇄적인 금융 기관의 파산과 더불어 거의 모든 자산 가격이 폭락했다.

그러나 미 연방준비제도이사회의 양적 완화·디레버리지deleverage(차입 비율을 줄이는 것)·구제 정책이 실시되면서 시장은 금세 회복했다. 이때도 마찬가지로 군중심리에 휘말리지 않고 현명하게 대처한 투자자는 사이클의 극단성을 활용해 큰돈을 벌었다. 당시 미국의 금융 위기를 다룬 영화 〈빅쇼트The Big Short〉는 군중에서 이탈해 큰 돈을 번 투자자가 그 과정에서 얼마나 심한 내적 갈등을 겪었는지를 잘 보여준다.


## 코로나19 팬데믹 – 2020년대 초

최근에 발발한 2020년대 코로나19 팬데믹 역시 극단적인 사이클의 예다. 팬데믹 초기에는 공포가 시장을 지배해 극단적인 하락장이 시작되었다. 그러나 전 세계 중앙은행의 돈 풀기가 시작되면서 자산 가격은 전례 없는 수준으로 상승했다. 닷컴 버블 당시 인터넷 주식 가격이 폭등한 것처럼, 이번에는 블록체인 Blockchain(데이터 분산 처리 기술로, 블록에 데이터를 담아 체인 형태로 연결해서 수많은 컴퓨터에 동시에 이를 복제해 저장하는 기술)에 기반한 암호화폐 가격이 폭등했다. 또한 부동산 가격이 폭등하면서 지금이 자가를 마련할 수 있는 마지막 기회라는 군중심리가 형성되었다. 이렇게 극단적인 상승장이 연출되면서, 투자를 하지 않고 회사만 다니는 사람은 바보라는 인식이 퍼지게 되었다.

하지만 엔데믹endemic(코로나19 팬데믹이 주기적으로 발생하는 감염병으로 되는 과정)이 가까워지고 금리 인상이 본격화되면서, 시중에 풀린 돈이 회수되고 있다. 자산 가격이 폭락하고 무리하게 대출해서 집을 산 사람들은 비명을 지른다. 이때도 역시 기회를 쟁취한 자는 군중과 다른 길을 간 소수에 불과하다.


사이클의 극단성은 대대적으로 부를 재편한다. 전쟁, 세계 질서의 변화, 신기술, 지정학적 갈등, 공급망, 금융 환경, 팬데믹 등 우리가 예측할 수 없는 여러 변수로 사이클의 극단성은 반복적으로 형성될 것이다. 위기와 기회의 모습을 동시로 띤 채로 말이다.

군중심리와 사이클을 깊게 이해하고, 군중심리에 휘둘리지 않을 정도로 자제력을 발휘하는 사람은 다음에 발생할 사이클의 극단성을 발판 삼아 크게 도약할 수 있을 것이다. 다만 사이클의 극단성이 언제, 어떻게, 어떤 방식으로 출현할지는 아무도 모른다. 우리가 할 수 있는 최선은 깨어 있는 눈으로 세상의 변화를 관찰하고, 통념을 의심하고, 군중의 일원이 되기를 경계하는 것이다.

# 시장에 바보들이 없다면

앙드레 코스톨라니는 『투자는 심리게임이다』에서 다음과 같이 말했다.

"투자자는 자기가 똑똑해서 이익을 얻기보다는 다른 사람들의 어리석음으로부터 더 많은 이익을 얻을 수 있다."

시장에는 실로 많은 바보가 존재한다. 부화뇌동하는 바보, 인내심이 없는 바보, 매매를 멈추지 않는 바보, 투자와 투기를 구분하지 못하는 바보, 자신이 모른다는 것을 모르는 똑똑한 바보. 어쩌면 돈에 관한 글을 쓰고 있는 나 역시 바보 중 하나일 수 있다. 현명한 투자자 입장에서 바보들은 고마운 존재다. 왜냐하면 시장은 바보들에게서 현명한 투자자로 부가 이전하는 무대이기 때문이다.

## 현명한 투자자, 바보, 더 큰 바보

• • •

시장과 사이클을 칵테일파티에 비유해보자. 현명한 투자자는 사람이 거의 없는 파티장에 들어와 조심스럽게 칵테일을 마시며 분위기를 살핀다. 이후 기관 투자자가 파티장에 진입하면서 칵테일파티는 입소문이 난다. 대중 미디어가 칵테일파티를 다루고 피리 부는 사나이와 어중이떠중이가 진입하면서 파티장은 붐비기 시작한다(사이클 초기).

이때부터 현명한 투자자는 냉정하게 상황을 진단하고 언제 파티장을 나갈지 고민한다. 만취한 사람들이 생기고 파티장의 분위기는 후끈 달아오른다. 평소에 칵테일을 마시지 않던 사람들까지 파티장에 진입하자, 현명한 투자자는 실속을 챙기고는 서서히 파티장을 떠난다(사이클 중기).

인상적인 점은 현명한 투자자가 파티를 떠난 상황에서도 바보들에게 기회가 있다는 것이다. 바로 '더 큰 바보 이론' 덕분이다. 더 큰 바보 이론은 특정 자산의 가격이 내재 가치가 아니라 시장 참여자들의 비이성적인 믿음 때문에 형성된다고 본다. 형편없는 자산을 비싼 가격에 구매했다고 하더라도 이것을 더 높은 가격에 사줄 더 큰 바보가 있다면, 해당 가격은 심리적으로 정당화된다. 그래서 파티장에 남겨진 바보는 나만 아니면 된다는 심정으로 폭탄 돌리기를 하며 더 큰 바보를 찾는다. 더 큰 바보한테 폭탄을 떠넘기는 데 성공했다면, 그는 현명한 투자자가 아니더라도 일정한 수준의 알파, 즉 시장 초과 수익률을 창출할 수 있다.

한편 파티가 급작스럽게 (그러나 현명한 투자자의 눈에는 너무도 자명하게) 끝나고 사람들은 비명을 지르며 앞다투어 파티장을 떠난다(사이클 말기). 파티에 늦게까지 남아 있던 최후의 바보들은 결국 큰 손해를 입고는 다시는 칵테일파티를 찾지 않겠다고 다짐한다.

그러나 재밌는 사실이 있다. 최후의 바보들은 다시는 술을 입에 대지 않겠다고 맹세했지만, 나중에 또 다른 칵테일파티가 열리면 다시금 파티장을 어슬렁거린다는 것이다(사이클의 재형성). 물론 현명한 투자자가 파티장에 진입한 시점에서 한참 이후에나 말이다.

통계적으로 보았을 때 현명한 투자자가 1명이라면, 바보는 100명 정도 되는 것 같다. 현명한 투자자는 자신의 무지를 인지하고 있지만, 바보는 자신이 모른다는 것을 모른다. 인류의 역사를 반추해보면, '현명한 인간'이라는 뜻을 가진 우리 종의 재정의가 필요해 보인다. 우리는 그동안 얼마나 많은 실수를 저질렀고, 똑같은 실수를 되풀이하고 있는가? 그러므로 현명한 투자자는 인간의 본래적 특성과는 거리가 먼 일종의 돌연변이다. 인간적인, 너무나 인간적인 바보들에게 감사하자. 시장에 바보들이 없다면 사이클과 알파는 존재하지 않을 것이기에.

# PART 5

# 탐욕은 좋은 것일까

ABOUT MONEY

"

돈은 마치 바닷물과 같다.

더 많이 마실수록

목이 마르다.

_ 쇼펜하우어

"

# 욕망이라는 이름의 전차

앞서 돈과 투자에는 일관된 패턴이 형성되는 사이클이 항상 반복적으로 발생한다는 점을 강조했다. 게다가 비이성적인 군중 심리는 때때로 사이클의 극단성을 낳기도 하는데, 이것을 잘만 활용하면 인생을 바꿀 정도의 막대한 부를 거머쥘 수도 있다고도 말했다.

이번 파트에서는 사이클의 극단성 중에서도 특히 탐욕에 기반한 투기와 버블에 초점을 맞추어 몇 가지 흥미로운 사례를 공유하겠다. 탐욕이 투자 세계에 어떤 영향을 미치는지 고민해볼 것이다.

# 투기와 버블의 역사

• • •

최초의 투기는 언제일까? 에드워드 챈슬러Edward Chancellor의 『금융투기의 역사』에 따르면, 기원전 2세기 로마 시대로 거슬러 올라간다. 당시 로마는 화폐, 은행, 신용, 보험 등 전반적인 금융 시스템을 갖추고 있었다. 로마의 상인, 대부업자, 투기꾼들은 포럼에 모여 증권을 매매하고, 화폐와 신용을 이용해 각종 재화를 교환했다. 로마 시대 투기는 페트로니우스 아르비테르Petronius Arbiter가 로마 공화정 최후를 묘사한 기록에서도 찾아볼 수 있다.

> "고리대금업과 돈놀이는 일반 대중을 두 가지 소용돌이에 휘말리게 해 그들의 영혼을 파괴했다. 광기는 그들의 가랑이 사이를 통해 전국으로 퍼져나갔고, 빈털터리가 되었을 때 비참하게 만들었다."

이는 아마도 최초로 인류의 투기를 기록한 게 아닐까 싶다.

중세 시대는 투기 심리가 기승을 부리기에 적합한 환경이 아니었다. 왜냐하면 당시 주류 세계관이었던 종교적 교리가 이윤 추구를 부도덕한 행위로 규정하고 억압했기 때문이다. "가난한 자는 복이 있나니 하나님의 나라가 너희 것임이요"라고 부자보다 오히려 빈자가 신에게 구원받을 수 있다는 교리를 퍼트림으로써, 종교 집단은 인간의 탐욕을 효과적으로 억제하는 데 성공했다. 현생에서 부를 추구하는 행위가 내세에 천국으로 가는 데 악영향을 미친다면, 투기 심리가 활성화되고 버블이 형성될 리 만무하기 때문이다.

하지만 근대에 접어들어 자본주의의 씨앗이 싹트면서 투기 심리는 다시금 되살아났다. 이윤 추구가 정당화되자 근면하게 일해서 돈을 번 부자는 사회적 존경을 받게 되었다. 한때 별 볼 일 없는 계급이었던 상인은 주류 사회를 구성하는 핵심 계급으로 부상했다. 봉건제 사회에서 금기시되었던 상거래와 금융 시스템이 활성화되었고, 사람들은 부자가 되기 위해 돈과 투자에 관심을 가졌다. 욕망이라는 이름의 전차는 사람들의 탐욕을 연료 삼아 질주하기 시작했다.

튤립 버블tulip bubble은 근대 시대 대표적인 버블 사례 중 하나로 손꼽힌다. 17세기 네덜란드는 전성기를 맞아 당시 유럽에서 가장 부유한 국가로 자리매김했다. 최초의 주식회사인 동인도 회사 주가와 부동산 가격이 상승하면서, 네덜란드 시민들은 점점 부자가 되었다. 그 결과 검소와 근면을 중시하던 칼뱅주의는 네덜란드에서 빛을 잃었다. 네덜란드 사람들은 소비와 과시로 부를 뽐내면서, 주식과 부동산 이외에 더 큰 부를 안겨줄 대상을 찾았다.

이때 마침 군중의 눈에 뜨인 것이 튤립이다. 좁지만 기름진 네덜란드의 지리적인 요건은 네덜란드를 튤립을 키우고 뽐내기에 최적의 환경으로 만들어주었다. 네덜란드에서 개인 정원에 알록달록한 튤립을 재배한다는 것은 그가 고상한 취미를 가진 부자라는 증표였다. 네덜란드 시민들은 튤립의 색깔과 희귀성에 따라 '황제' '총독' '장군'과 같은 이름을 붙이고, 등급에 따라 가격을 책정했다. 최고급 튤립은 당시 암스테르담에 있는 집 1채 가격과 맞먹는 금액에 거래될 정도로 고가의 사치품이었다.

튤립은 꽃이 만개할 때까지 무늬와 색깔을 예상할 수 없기 때문에, 튤립 뿌리를 사서 황제 등급의 튤립을 재배하는 데 성공한다면 큰 차익을 내는 것이 가능했다. 이와 같은 튤립의 우연성은 군중의 투기 심리를 자극하는 데 영향을 미쳤다. 당시 고가의 동인도 회사 주식에 투자할 수 없었던 평범한 네덜란드 서민들은 투자 대안으로 튤립을 찾았고, 일확천금一攫千金을 기대하며 튤립 매수세에 불을 지폈다. 튤립 가격과 거래량이 동반 상승하고 시장 규모가 커지자, 파생 상품 거래까지 출현했다. 또한 평범한 등급의 튤립 뿌리 하나의 가격이 네덜란드 노동자의 1년 임금을 훨씬 상회하는 수준으로 치솟았다.

사이클의 극단성이 발생하고 한몫 챙긴 사람들이 등장하면서, 더 많은 사람과 자본이 튤립 투기판에 몰렸다. 네덜란드에서 튤립값이 고공 행진하자 옆 나라 프랑스도 투기 행렬에 동참해, 튤립 버블은 국제화되었다. 하지만 버블은 오래가지 않았다. 어느 순간 튤립 시장의 매수세가 약해지면서 튤립 가격은 폭락했다. 피해가 커지자 네덜란드 정부는 시장에 개입해 매매 가격의 3.5%만을 지급하는 것으로 모든 채권, 채무를 정리하도록 명령했다. 다시 말해 100길더guilder를 지불하고 튤립을 받았던 사람은 3.5길더만 건지고 막대한 손해를 입었다는 뜻이다.

튤립 버블과 유사한 '남해 회사 버블'도 있다. 17~18세기는 유럽 지역에서 주식회사가 마구 설립되던 시기였다. 이 시기에 영국에는 노예 무역을 하는 남해 회사가 설립되었다. 남해 회사는 정부 부채를 떠안고 채권자들에게 주식을 전환해주었는데, 매년 정부에 일정한 이자를 받고 식민지 무역권까지 보장받아 장래가 촉망되어 보였다. 비록 무역업에서는 두각을 드러내지 못했지만, 남해 회사는 금융업으로 큰 성공을 거두었다. 군중은 남해 회사에 주목했고 투기 심리가 불타오르며, 주가는 6개월 만에 약 9배까지 상승했다. 그러나 금세 버블이 꺼지면서 남해 회사의 주가는 최고점 대비 90% 수준으로 하락했다.

과학자 아이작 뉴턴Isaac Newton은 남해 회사 버블 당시 "나는 천체의 움직임은 계산할 수 있어도 인간의 광기는 가늠할 수 없다"

는 말을 남겼다. 뉴턴은 남해 회사 버블 붕괴로 재산의 상당 부분을 잃었다. 내가 강조하고 싶은 점은 뉴턴처럼 똑똑한 사람도 비이성적인 집단 최면에 걸려 돈을 잃을 수 있다는 것이다. 이런 점을 보면 지능보다는 마인드 컨트롤이 성공적인 투자자가 되는데 더 중요한 역량이라는 생각이 든다.

이 외에 인류의 역사에서 투기와 버블 사례는 시대와 지역을 막론하고 무수히 많다. 재즈 시대 버블, 이머징 마켓emerging market 버블, 일본 경제 버블, 신기술(철도, 자동차, 라디오, 비행기, 인터넷, 암호화폐 등) 버블, 미국 부동산 버블 등 영화 같은 사건들을 면면히 들여다보면 공통적으로 진부한 시나리오를 가지고 있다는 점을 깨닫는다. 군중의 탐욕을 자극하는 소재의 등장, 가격과 거래량의 동반 상승, 광기 어린 축제, 영원한 번영이 도래할 것이라는 기대, '이번에는 다르다'는 새 시대의 교리, 부의 질서 재편, 신흥 부자의 등장, 생업을 제쳐두고 투기에 몰두하는 군중, 버블이 끝난 뒤 무대의 붕괴, 허탈한 상실감.

투기와 버블의 역사는 미래에도 지루하게 반복될 것이다. 인간의 본성이라 할 수 있는 특성들, 이를테면 탐욕, 야망, 허영심, 사치, 과시, 신경증, 공포, 변덕, 성급함 등이 완벽히 거세되지 않는 한 말이다.

욕망이라는 이름의 전차가 한번 질주하기 시작하면 사람들은 이 전차를 향해 미친듯이 달려들 것이다. 지극히 소수의 운 좋은 사람만이 전차에 오르는 데 성공하고, 다수의 사람은 넘어져 다치거나, 열차에 치이거나, 혹은 황망하게 저 멀리 떠난 전차를 바라보아야만 할 것이다. 과거에도 그랬던 것처럼 말이다.

투기와 버블이 사라지면 이것은 단지 어리석은 해프닝으로 회자될 것이다. 그렇지만 시간이 흐르면, 대부분의 사람은 과거에 일어났던 일들을 잊고는 똑같은 실수를 반복할 것이다.

오로지 소수의 현자만이 이글거리는 욕망의 전차에 불나방처럼 달려드는 사람들을 보며 이렇게 중얼거릴지 모른다. "보아라, 이것이 인간이다. 인간이란 이런 존재다."

# 누구나 파산할 수 있다

너무 많이 아는 사람과 아예 모르는 사람의 차이는 때때로 무척이나 사소한 것일 수 있다. 돈에 관해서는 특히 그렇다. 돈을 다루는 능력이 탁월한 금융 투자 전문가와 금융 문맹인 중 같은 상황에서 부를 축적하고 유지할 가능성이 높은 것은 당연히 전자이지만, 아무리 똑똑하고 돈이 많다고 하더라도 운이 따라주지 않고 마인드 컨트롤을 하는 데 실패한다면 순식간에 파산할 수 있기 때문이다.

이번에는 파산에 대해 이야기를 해볼 생각이다. 사람들은 파산을 남의 일이라고 생각하는 경향이 있다. 그러나 돈에 대해 너무 많이 아는 사람과, 아예 모르는 사람 모두 파산의 위기에 노출되어 있다는 점을 나는 독자들에게 상기시키고 싶다. 파산은 마치 교통사고와 같다. 평소에는 발생할 가능성이 낮지만, 잠깐의 부주의 혹은 불운으로 순식간에 삶을 파괴한다는 점에서 비슷하다. 무서운 점은 교통사고와 마찬가지로 파산 역시 누구에게나 발생할 수 있는 비극이라는 것이다.

## 이틀 만에 20조 원 이상을 날린 남자

• • •

독자들에게 '황성국'이라는 남자의 인생을 소개하고 싶다. 한국에서 태어난 그는 1980년대 초 미국으로 이민을 간 뒤 빌 황Bill Hwang이라는 이름을 사용한다. 가정 환경이 넉넉지 않았지만 공부를 잘했던 빌 황은 미국의 명문 대학에 합격하고 금융 투자업으로 커리어를 시작했다. 야심만만한 젊은이 빌 황은 인생의 귀인을 만나게 되는데, 바로 헤지펀드hedge fund의 대부라 불리는 타이거 매니지먼트Tiger Management의 창업자 줄리언 로버트슨Julian Robertson이다. 빌 황의 잠재력을 알아본 줄리언 로버트슨은 그를 영입했고, 이후 빌 황은 좋은 성과를 내며 승승장구했다.

타이거 매니지먼트에서 커리어를 쌓고 큰돈을 번 빌 황은 고

객의 돈을 받고 운용하는 펀드가 아닌, 자기 돈을 재량껏 운용하는 아케고스 캐피털 매니지먼트<sup>Archegos Capital Management</sup>라는 패밀리 오피스<sup>family office</sup>(자산가들이 자기 자본을 운용하기 위해 세운 회사)를 설립한다. 빌 황이 이끄는 아케고스 캐피털 매니지먼트는 조 단위 규모의 돈을 운용하는 대형 패밀리 오피스로 성장했다. 흥미로운 점은 신실한 기독교인이었던 빌 황은 기부와 선교 활동에는 무척 적극적이었지만, 아케고스 캐피털 매니지먼트의 업적을 내세우고 투자자로서 명성을 얻는 일에는 그다지 관심이 없었다는 점이다. 그래서 빌 황과 아케고스 캐피털 매니지먼트는 소위 월가의 선수들만 아는 '고래 투자자(큰돈을 굴리는 투자자)'였다.

그런데 2021년 3월, 아케고스 캐피털 매니지먼트가 파산 위기에 처하면서 빌 황은 불미스러운 유명세를 떨치게 된다. 아케고스 캐피털 매니지먼트의 주특기는 여러 투자 은행들과 파생 상품 계약을 맺고 공격적인 레버리지 투자를 하는 것이었다. 한동안 이 투자 전략은 유효했다. 그러나 투자 대상의 가격이 하락하면서 투자 은행은 아케고스 캐피털 매니지먼트에 마진 콜<sup>margin call</sup>(선물 계약 기간 중 선물 가격 변화에 따른 추가 증거금 납부 요구)을 요구했고, 무리하게 레버리지를 일으킨 아케고스 캐피털 매니지먼트는 지급 불능 상태에 이르렀다. 모건 스탠리<sup>Morgan Stanley</sup>, 크레디트 스위스<sup>CREDIT SUISSE</sup> 등과 같은 쟁쟁한 투자 은행들이 아케고스 캐피털 매니지먼트 사태로 조 단위 규모의 손해를 보았고, 결국 빌 황은 미국 검찰에 기소되었다.

이틀 만에 20조 원이 넘는 손실을 내고 파산한 아케고스 캐피털 매니지먼트는 롱텀 캐피털 매니지먼트<sup>Long-Term Capital Management,</sup> <sub>LTCM</sub> 파산 이후 금융 역사에 기록될 파산이다. 이것은 파생 상품과 레버리지가 얼마나 파괴적일 수 있는지를 보여주는 전형적인 사례다. 만약 빌 황이 무리하게 레버리지를 일으키지 않고 적당한 시점에 손절을 했다면, 그는 존경받는 억만장자이자 독실한 기독교인으로 살면서 불명예를 뒤집어쓰는 일이 없었을 것이다. 기독교인으로서 충만한 삶, 아케고스 캐피털 매니지먼트의 안정적인 운영, 그리고 돈 중에서 빌 황에게 무엇이 가장 중요했을까? 빌 황은 자신의 인생에서 필요하지도 않은 것을 위해 필요한 것을 베팅하는 우를 범했고 이로써 오명을 남겼다.

## 파산의 유형

• • •

한편 금융 문맹인의 파산은 빌 황의 사례보다는 덜 극단적이기는 하지만 훨씬 보편적이다. 금융 문맹인의 파산은 크게 세 가지 유형으로 구분할 수 있다.

첫 번째, 연예인이나 운동선수와 같은 유명인의 파산이다. 일이 잘 풀릴 때는 일반인보다 훨씬 많은 돈을 벌 수 있는 것이 유명인의 장점이지만, 수입이 불규칙적인 것은 단점이다. 또한 유명인은 대체로 씀씀이가 큰 편이기 때문에, 수입이 없을 때는 재무 상태가 급격하게 악화되는 경우도 있다. 따라서 유명인은 일이 안 풀릴 때를 대비해 철저하게 재무 관리를 해야 하는데, 일반적으로 유명인은 자신의 재능을 활용해 돈을 버는 것에는 능할지 몰라도, 금융 지식이 전무한 경우가 많아 파산의 위기에 노출될 수 있다.

두 번째, 과소비를 하는 사람의 파산이다. 이들은 본인의 소득 및 자산에서 감당 가능한 수준을 넘어 초과 지출을 하는 것이 습관화되어 있고, 대체로 금융의 이해가 전무하다. 그들은 항상 통장 잔고가 없고 신용 카드 돌려 막기에 급급하면서도, 사치를 멈추지 못한다. 쉽게 말해 주제 파악이 안 되는 것이다. 혹자는 고급 기호를 소비하는 것이 일종의 자기 보상이자 돈을 버는 동기 부여라고도 말한다. 문제는 분수에 맞지 않게 과소비를 하는 것이다.

세 번째, 노후 파산이다. 노후 파산은 열심히 살아온 선량한 사람들에게 빈번하게 발생하는 비극이다. 따라서 이런 유형의 파산은 심히 안타깝다. 노후 파산의 원인은 충분하지 못한 노인 복지와 더불어 개인의 금융 문맹에서 비롯된 경우가 많다. 젊은 시절에 회사에만 매달리느라 자본 소득을 형성하는 데 실패했거나, 재무 상황을 고려하지 않고 자녀에게 지나치게 많은 지출을 했거나, 무리하게 빚을 내서 투자했다가 실패했거나, 집을 제외한 투자 자산 포트폴리오 및 연금 소득원을 형성하는 데 실패한 경우 등이 원인이다.

일본 NHK 방송국이 노인들의 빈곤 실태를 취재한 다큐멘터리를 기반으로 만든 『노후 파산』은 시사하는 바가 많다. 이 책은 노후 파산을 다음과 같이 말한다.

"노후 파산의 무서움은 아주 서서히 다가온다는 데 있다. 우리가 취재한 많은 고령자는 단번에 파산 상태에 처한 것이 아니었다."

다양한 파산 사례를 접하다 보면 '누구나 파산할 수 있다'는 결론에 다다른다. 앞서 세 가지 파산 유형 중 보통의 사람들이 가장 경계해야 하는 것은 노후 파산이다. 위험은 피하는 것이 아니라 관리하는 것이다. 아무런 위험을 감수하지 않고 안정적인 선택만 하면 서서히 노후 파산의 늪에 빠질 가능성이 높은 작금의 시대에, 위험을 감수하는 것은 필수적이다. 단, 위험을 철저히 관리하고 실패를 감당할 수 있는 선에서 말이다. 파산을 피하기 위한 팁이 있다면, 자신의 인생에서 필요한 것과 필요하지 않은 것을 구분하고, 용인할 수 있는 실패의 범주를 설정해보는 것이다. 필요하지도 않은 것을 위해 필요한 것을 베팅하거나, 감당할 수 없는 실패를 초래할 수 있는 위험을 감수하는 것은 지양할 필요가 있다.

# 충분한 돈의 기준

"당신은 지금 세계 최고 부자입니다. 얼마나 가져야 만족할 건가요?" 영화 〈올 더 머니All the Money in the World〉의 주인공인 석유 재벌 장 폴 게티John Paul Getty는 이 질문에 이렇게 답한다. "더 많이." 이 장면에서 장 폴 게티는 유괴된 손자를 구하기 위해 돈을 쓰자는 요청을 거절한다. 그러다 결국 유괴범들이 손자의 귀를 자르자, 그제야 그는 그들에게 돈을 지불한다. 실화를 바탕으로 한 이 영화는 장 폴 게티가 세계 최고 부자임에도 집요하게 돈에 집착하고 가족에게까지 인색하게 구는 모습을 매우 인상적으로 조명한다.

돈이 얼마나 있어야 충분한가. 이 글을 읽고 있는 독자들도 한 번 진지하게 생각해보길 바란다. 1,000만 원? 1억 원? 10억 원? 100억 원? 1,000억 원? 1조 원? 사람에 따라 '충분함'의 기준은 천차만별일 것이다. 충분함의 사전적 정의는 '모자라지 않고 넉 넉함'이다. 가령 슈퍼카를 여러 대 굴릴 돈은 충분함을 넘어선 사 치다. 충분한 수준의 돈에 관한 일반적인 정의는 의식주 문제를 해결하고 위기 및 노후를 대비할 수 있으며 먹고사는 데 큰 지장 이 없는 것이다. 다만 우주 사업으로 천문학적인 돈이 필요로 하 는 제프 베이조스나 일론 머스크<sup>Elon Musk</sup> 같은 예외적인 사례도 있다. 하지만 우리 같은 범인에게 이는 해당사항이 아니다.

## 충분한 돈의 기준을 설정하는 것이 중요한 이유

● ● ●

아르투어 쇼펜하우어<sup>Arthur Schopenhauer</sup>는 "돈은 마치 바닷물과 같 다. 더 많이 마실수록 목이 마르다"라고 말했는데 이는 참으로 맞는 말이다. 장 폴 게티처럼 1조 원이 넘는 돈이 있음에도 더 많 은 것을 바라는 부자보다, 1,000만 원을 가지고도 만족감을 느 끼는 평범한 사람이 더 행복할 수 있다. 왜냐하면 행복도는 '가진 것'을 '바라는 것'으로 나눈 결괏값이기 때문이다. 다시 말해 가진 것은 많지만 바라는 것이 적을수록 행복도가 증가한다는 것이다. 장 폴 게티처럼 바라는 것이 무한대에 가까운 사람은 아무리 가진 것이 많아도 행복도가 낮다. 반면 가진 것에 감사하고 바라는 것이 적은 사람은 실제 본인이 가진 것과는 별개로 행복도가 높을 수 있다.

충분한 수준의 돈에 대한 나름의 기준점을 설정해두는 것은 중요하다. 그렇지 않으면 돈을 아무리 벌어도 현재 자기가 기준점 대비 어디쯤 와 있는지 분간하지 못하고 길을 잃기 쉽다. 물론 돈을 버는 행위 그 자체에서 삶의 의미와 활력을 느끼는 사람도 있다. (대체로 부자들이 이렇다.) 그러나 공허한 탐욕을 채우는 데 실패하는 체험을 반복하다 보면, 어느새 자신이 돈의 주인인지 노예인지 분별할 수 없는 지경에 이르고 만다. 기준점을 올바르게 설정하기 위해서는 다음에 나열한 이 주제들을 치열하게 고민하고 스스로 납득할 수 있는 답이 있어야 한다.

- 가진 것과 바라는 것
- 타인의 욕망이 아닌, 내가 진짜로 원하는 것
- 원하는 것을 얻기 위해 필요한 돈
- 필요한 돈을 얻는 것이 현실적으로 달성 가능한 수준인지 여부
- 필요한 돈을 얻기 위해 희생할 수 있는 것과 희생할 수 없는 것

"돈이 얼마나 있는지 셀 수 있다면 당신은 부자가 아니다"는 말을 남긴 장 폴 게티는 현기증 날 만큼 많은 돈을 얻은 대가로 인간관계를 철저히 포기해야 했다. 항상 바쁘게 일하고, 주변 사람을 믿지 못하며, 돈을 잃든 벌든 전전긍긍해야만 했다. 결국 그는 생전에 가족들과 진심 어린 유대감을 형성하는 데 실패한 채 세상을 떴다. 장 폴 게티가 죽은 이후 그의 후손들은 스스로 목숨을 끊거나 약물 중독에 시달렸다. 결국 장 폴 게티가 세운 석유 제국은 다른 기업에 매각되어 역사에 자취를 감추는 비극적인 결말을 맞았다.

"돈이 얼마나 있어야 충분한가?"라는 물음에 장 폴 게티처럼 "더 많이"라는 답변밖에 떠오르지 않는다면 차분하게 다시 한번 생각해보자. 과연 당신이 진짜로 원하는 것이 무엇인지.

# 공수래공수거

메멘토 모리<sup>Memento Mori</sup>. '너의 죽음을 기억하라'는 라틴어다. 로마에서는 전쟁에서 승리를 거두고 돌아온 장군이 시가 행진을 할 때, 노예들에게 큰 소리로 '메멘토 모리'를 외치게 했다고 한다. 전쟁에서 이겼다고 우쭐대지 말고 겸손하게 행동하라는 의미다. 승리의 환희가 고조된 축제의 현장에서 죽음을 떠올리게 하다니, 한때 세계를 호령했던 로마인답다는 생각이 든다.

죽음은 훌륭한 스승이다. 우리의 인생에서 무엇이 중요하고 중요하지 않은지를 알려주니까. '우리는 모두 죽는다'는 단순한 진리를 깨달으면, 우리에게 주어진 시간이 생각보다 많지 않음을 인식하게 된다. 인생에서 진정으로 중요한 일을 하기에도 시간이 대단히 한정적임을 깨닫는 것이다. 암 투병으로 죽음의 문턱에 수차례 드나들었던 스티브 잡스는 생전 이런 말을 남겼다. "내가 곧 죽을 것임을 기억하는 것은 인생에서 큰 결정을 내리는데 큰 도움을 주었다. 거의 모든 것은(이를테면 모든 외부의 기대, 자부심, 좌절과 실패의 두려움 같은 것은) 죽음 앞에서는 아무것도 아니고, 오로지 진짜 중요한 것만 남기 때문이다. …(중략)… 당신의 시간은 한정되어 있다. 그러니 다른 사람의 삶을 사느라고 시간을 허비하지 마라."

## 가상의 죽음 테스트는 유용하다

• • •

만약 어떤 것이 인생에서 중요한 것인지 아닌지를 모르겠다면 '가상의 죽음 테스트'를 활용해보면 도움이 된다. 가상의 죽음 테스트란, 죽음이 눈앞에 있다고 가정했을 때 어떤 느낌이 들지를 구체적으로 상상해보는 것이다. 만약 가상의 죽음 테스트를 해보았는데, 선명하게 떠오르는 생각이 있다면(만족, 고마움, 뿌듯함 등과 같은 긍정적인 생각일 수도 있고 후회, 미안함, 아쉬움 등과 같은 부정적인 생각일 수도 있다.) 그것은 인생에서 무척 중요한 것일 수 있다. 반대로, 가상의 죽음 테스트를 해보았는데 별로 떠오르지 않거나 다른 것에 비해 대수롭게 느껴지지 않는다면 그것은 인생에서 별로 중요하지 않은 것일 수 있다.

실제로 사람들은 죽기 전에 무슨 생각을 할까? 『이반 일리치의 죽음』 『모리와 함께한 화요일』 『마지막 강의』 『죽을 때 후회하는 스물다섯 가지』 『이어령의 마지막 수업』 같은 죽음에 대한 책을 참고해보면 도움이 된다. 이 책들에 따르면, 사람이 죽기 전에 공통적으로 중요하게 생각하는 인생의 키워드는 '사랑' '꿈' '가족' '덜 바쁜 삶' '세상에 남기고 싶은 것' '일에 매몰되지 않는 삶' '친절' '선행' '건강' '영성' 등이다. 여기에 돈이나 성공과 같은 세속적인 키워드는 없다. 다시 말해 죽음을 척도로 놓고 보면 돈이 우리 인생에서 생각만큼 중요하지 않을 수 있다는 뜻이다.

안타까운 점은, 대부분의 현대인이 죽음을 망각한 채 산다는 것이다. 죽음이 마치 남의 일인 양, 자신에게는 해당하지 않는 비극인 것처럼 잊고 사는 것이다. 그리하여 한 번뿐인 귀중한 인생을 마치 밀린 숙제를 처리하듯 강박적으로 살거나, 맹목적으로 바쁘게 살거나, 무기력한 일상을 되풀이하는 것이다. 게다가 삶의 수단이어야 마땅할 돈을 마치 삶의 목적으로 대하며 '돈, 돈, 돈' 하면서 사는 경우도 결코 적지 않다. 죽을 때 무덤에 돈을 가지고 갈 것도 아닌데 말이다.

독자들에게 가상의 죽음 테스트를 가급적 자주 해볼 것을 권하고 싶다. 상상해보라. 만약 당신이 죽을병에 걸린다면, 혹은 오늘이 마지막이라면 어떤 일을 하고, 누구를 만나고, 무슨 생각을 할까? 돈 때문에 전전긍긍하며 과한 탐욕을 부릴까? 장담하건대, 돈을 더 많이 가지지 못한 것을 염려하는 경우는 없을 것이다. 오히려 돈 때문에 희생했던 것(시간, 대인 관계, 건강 등)과 나중에 돈 벌면 하려고 했거나 혹은 큰돈이 없어도 충분히 할 수 있었지만 실제 행하지 못한 것이 후회로 남는 경우가 많을 것이다.

'공수래공수거'라는 말처럼 우리는 세상에 빈손으로 와서 빈손으로 간다. 죽음은 부자나 빈자 모두 공평하게 맞는 결말이다. 인생의 마지막 무대에는 돈이 설 자리가 없다. 한때 엄청난 부와 권세를 누렸던 왕, 귀족, 기업인, 슈퍼스타 모두 죽을 때 아무것도 가져가지 못했다. 인생은 찰나이고 모든 것은 덧없이 지나간다. 우리가 할 수 있는 최선은 과거와 미래, 돈과 명예, 실수와 불안, 통제할 수 없는 것과 일어나지 않은 일에 대한 걱정 따위에 연연하지 않고 '지금 여기, 이 순간'을 즐기는 것일 테다.

# PART 6

# 돈의 미래

· · ·

# ABOUT MONEY

"

당신을 곤경에 빠뜨리는 것은
당신이 모르는 것이 아니다.
당신이 뭔가를 확실히 안다는 착각 때문이다.

_ 마크 트웨인Mark Twain

"

# 아무도 모른다

돈, 경제, 금융, 투자 분야에 전문가라고 주장하는 사람을 맹신하는 것은 경계해야 한다. 그가 아무리 유명하고, 똑똑하고, 훌륭한 트랙 레코드<sup>track record, 경력</sup>를 보유한 사람이라 하더라도 말이다. 왜냐하면 아무도 정답을 모르기 때문이다. 특히 돈에 대해서는 말이다. 그러므로 자신이 돈을 잘 안다고 확신에 찬 목소리로 떠드는 사람을 대할 때는 두 가지를 검증할 필요가 있다. 그가 돈을 잘 벌고 다루는 스킬이 탁월한지, 그리고 행운을 실력으로 착각하고 있는 것은 아닌지.

전자를 검증하기는 비교적 쉽지만, 후자를 검증하기는 어렵다. 왜냐하면 행운으로 쌓아 올린 부를 실력으로 유지하는지를 검증하기 위해서는 다소 오랜 시간이 필요하기 때문이다. 행운과 실력에 대해서는 이미 앞에서 다루었기 때문에, 이번에는 돈에 관한 전문가들의 의견이 얼마나 자주, 그리고 충격적으로 틀릴 수 있는지를 다루어보기로 하자.

## 크게 틀린 전문가들

● ● ●

다음의 사례를 보자. 1990년대 명성을 떨친 LTCM이라는 헤지펀드가 있었다. LTCM은 내로라하는 금융 공학 전문가들이 모인 그야말로 '어벤저스 팀'이었다. 파생 상품의 가치를 결정짓는 '블랙-숄즈 모델Black-Scholes model'을 개발해 노벨 경제학상을 수상한 로버트 머튼Robert Merton과 마이런 숄스Myron Scholes, 그리고 월가에서 트레이더로 이름을 날리던 존 메리웨더John Meriwether가 창업한 LTCM은 연 20~50%대의 수익률을 올리며 승승장구했다. 시장 참여자들은 화려한 경력과 높은 수익률을 보여준 LTCM을 신뢰해 상당한 돈을 빌려주었고, LTCM은 레버리지에 기반한 차익 거래, 공매도 전략으로 몇 년 동안 큰 수익을 냈다.

그러나 LTCM이 예상하지 못한 변수가 있었다. 바로 러시아가 파산을 선언하며 러시아 국채가 휴지 조각이 된 것이다. 러시아 국채 매수 포지션에 상당한 금액을 베팅하고 레버리지를 많이 일으켰던 LTCM은 이 사건으로 순식간에 무너졌고, 결국 2000년에 최종 파산했다. 시장에 절대 질 것 같지 않았던 천재들에게 돈을 맡겼던 투자자들은 LTCM의 파산으로 한순간에 허무하게 돈을 잃었다.

LTCM처럼 일개 펀드의 파산이 아닌 세계 경제 침체를 부른 사건도 있다. 2007년 미국에서 발생한 서브프라임 모기지<sup>subprime mortgage</sup> 사태로, 이는 2008년 글로벌 금융 위기를 촉발했다. 금융 위기의 진원은 미국의 부동산 시장 및 관련 파생 상품이었다. 2000년대 초부터 시작된 저금리 현상이 장기화되면서 미국의 부동산 가격이 상승했다. 이에 복잡한 파생 상품이 개발되어 누구나 손쉽게 대출받아 집을 마련할 수 있는 여건이 조성되었고, 금융·부동산 회사는 이를 이용해 막대한 돈을 벌었다.

그러나 금리 인상이 재개되자 부동산 가격이 폭락하기 시작했고, 이와 연관된 파생 상품 포지션에 노출되어 있던 금융 기관은 막대한 손실을 입고 유동성 위기를 맞게 된다. 그 결과 리먼 브라더스, 베어 스턴스<sup>BEAR STEARNS</sup> 같은 대형 금융 회사가 파산했고, 세계 경제 및 금융 시장은 무시무시한 소용돌이에 휩싸였다.

"왜 아무도 위기가 발생할 걸 미리 예상하지 못했나요?" 2008년 금융 위기가 발발했을 당시, 유명 경제 학자들이 모인 행사에서 영국 엘리자베스Elizabeth 2세 여왕이 던진 뼈 있는 질문이다. 이토록 파괴적인 일이 발생할 줄 몰랐던 당대 전문가들은 눈을 껌뻑거리며 월가의 몰락을 지켜보았다.

비교적 최근에 일어난 사건을 살펴보자. 2022년에 암호화폐 시장의 뜨거운 감자는 단연코 FTX 파산이었다. FTX는 트레이더 출신 샘 뱅크먼 프리드Sam Bankman-Fried가 창업한 암호화폐 거래소다. 사업 감각이 탁월했던 샘 뱅크먼 프리드는 단기간에 FTX 제국을 건설하는 데 성공한다. 암호화폐 거래소, 트레이딩 회사, 벤처 투자 회사, 솔라나 블록체인 등 손대는 사업마다 성공한 샘 뱅크먼 프리드는 30살에 억만장자가 되었고, 엄청난 자금력으로 미국 정계에 막대한 로비를 했다. (그는 미국 조 바이든Joe Biden 정부에 가장 많은 기부를 한 사람 중 하나다.) 테라Terra 사태(알고리즘 기반 스테이블코인stablecoin으로 주목받았던 테라 블록체인 생태계가 붕괴한 사건)로 암호화폐 업체들이 줄 도산 위기에 처하자 샘 뱅크먼 프리드는 시장의 혼란을 줄이기 위해 과감한 인수를 추진했고, 사람들은 그의 행보를 가리켜 대공황 시절 금융 시장을 살린 제이피모건 체이스JPMorgan Chase에 비유하기도 했다. 또한 샘 뱅크먼 프리드는 암호화폐 업계에 안주하지 않고 블랙록BlackRock, 피델리티 인터내셔널Fidelity International, 소프트뱅크SoftBank 등에서 투자금을 유치하며 올드 머니<sup>old money</sup>(오랜 세월에 걸쳐 전통 산업에서 부를 축적한 집단)들과 교류하며 외연을 확장했다.

그러나 FTX 제국의 재무 건전성에 문제가 제기되면서 뱅크런<sup>bank run</sup>(사람들이 거래 은행에서 예금을 한꺼번에 인출하는 현상)이 발생했다. 사람들은 앞다투어 FTX 거래소에서 돈을 인출하기 시작했고, FTX는 심각한 유동성 위기를 맞았다. 결국 세계 최대 암호화폐 거래소 중 하나였던 FTX는 파산 신청을 했다. 이후에 샘 뱅크먼 프리드가 아마추어처럼 회사를 운영했으며, 고객 자금을 사적으로 유용했다는 사실이 밝혀져 큰 논란이 되었다. FTX 파산으로 샘 뱅크먼 프리드의 자산은 한순간에 증발했고, 그가 설립한 FTX 제국은 역사의 뒤안길로 사라졌다. FTX가 이렇게 급작스럽게 망할 것이라 예상했던 암호화폐 전문가는 거의 없었다.

## 전문가들도 틀리는 이유

• • •

왜 각 분야의 전문가들은 위와 같은 위기를 예견하지 못했을까? 왜 그들은 신호와 소음을 미리 구분하고 현명하게 대처하지 못했을까? 원인은 크게 세 가지로 나누어볼 수 있다.

첫 번째, 전문가의 무능함이다. 즉, 전문가라 일컬어지는 그 사람은 사실 이론에만 능한 똑똑한 바보이고 실상은 제대로 할 줄 아는 것이 없는 경우다. 이런 부류의 전문가는 일반적으로 식자층이고 사회적으로 존경받는 지위에 있지만, 오만한 무지로 의도와 상관없이 남을 속이는 경우가 많다. 애석하게도 나는 오늘날 현대 사회를 무능한 전문가도 쉽게 활개치고 다닐 수 있는 환경이라고 진단한다. 관료주의가 팽배할수록, 온라인 미디어 대중화로 정보의 유통량이 많아질수록 바보도 전문가 행세를 할 수 있는 환경이 쉽게 조성되는데, 나는 현대 사회가 이 조건들에 부합한다고 생각하기 때문이다.

두 번째, 전문가가 의도적으로 본색을 감추고 상대방을 속이는 경우다. 언행을 달리 한다든지(공개적으로 특정 종목을 추천하고 뒤에서 매도하는 행위), 사회 혼란을 방지한다는 명분으로 거짓말을 한다든지(주로 사업가나 고위 공무원이 하는 수법), 수수료를 극대화하기 위해 고객에게 불필요한 투자 조언 및 상품 가입을 권유한다든지, 자신에게 득이 되는 방향으로 컨설팅을 하는 등의 행위가 이에 속한다. 이런 사람들은 기본적으로 '스킨 인 더 게임skin in the game(선택에 책임을 지고 문제에 참여하는 짓)'을 하지 않는 편으로, 하는 일에 비해 비교적 높은 연봉을 받는 화이트칼라white-collar(사무직 종사자)처럼 보인다는 특징이 있다. 이런 부류의 전문가들이 어떤 주장을 피력할 때면, 그것이 진심 어린 의견인지 개인의 목적을 달성하기 위한 교묘한 속임수인지를 의심할 필요가 있다.

세 번째, 복잡성이 증가하면서 현상을 해석하고 미래를 전망하기가 점점 어려워지고 있다. 세계화가 진행되면서 정치, 경제, 사회, 기술, 국제 지정학 분야에서 개별적으로 무관해 보이는 변수들이 상호 작용하면서 복잡성을 증가시키고 동시에 불확실성을 높이고 있다. 예를 들어 중국에서 발생한 바이러스가 전 세계 공급망에 충격을 주고, 전기차의 대중화가 에너지 지형에 영향을 미치며, 러시아와 우크라이나 간의 전쟁이 유가에 영향을 미치는 식이다. 특정 분야의 전문가가 하나의 변수를 올바르게 해석해서 전망하는 것은 일정 부분 가능할 수 있지만, 이것이 얼개처럼 엮여 있는 복잡계를 전체적으로 다루는 것은 불가능에 가깝다. 따라서 사려 깊은 전문가는 복잡계를 바라보며, 인간의 지성이라는 것이 얼마나 빈약한 사고 체계인지를 새삼 깨닫고 겸손해지는 법이다.

그렇다면 전문가를 아예 신뢰해서는 안 되는 것일까? 반드시 그렇지만은 않다. 드물기는 하지만 진정성과 해박한 지식을 바탕으로 유연한 사고를 하며 기꺼이 지혜를 나누는 전문가도 있다. 진짜 전문가와 가짜 전문가를 구별하는 가장 효과적인 방법 중 하나는 그가 자신의 무지를 인정하는지를 알아보는 것이다.

진짜 전문가는 마치 소크라테스Socrates처럼 자신이 모른다는 사실을 인정하고 개방적인 태도를 보인다. 그는 '결코' '반드시' '절대'와 같은 강한 확신을 표현하는 단어를 쓰는 법이 없으며, '제 생각에는' '어쩌면' '아마도' '현재의 상황에서는' 등과 같은 애매한 표현을 즐겨 쓴다. 반면 가짜 전문가는 현학적인 용어로 사람들을 현혹하려 한다. 그는 자신이 모른다는 것을 인정하지 않으며, 자신의 무지를 보통 학력, 경력, 사회적 지위 같은 껍데기로 감추려 한다.

'DYORDo You Own Research'라는 말이 있다. 다른 사람들의 말을 맹목적으로 듣지 말고 스스로 검증하라는 뜻이다. 진지하게 돈을 공부하려는 자에게 이것보다 진실한 조언이 있을까 싶다. 돈과 관련된 문제는 철저히 자신의 책임이기에 다른 사람에게 의존하거나 남 탓할 이유가 전혀 없다. 전문가로 인정받는 사람들도 당신과 마찬가지로 안갯속을 허우적거린다. 아무도 모른다. 그러니 아무도 믿지 마라. 특히 돈에 대해서는 더더욱 말이다. 이는 돈을 주제로 책을 쓰고 있는 나에게도 해당하는 말이다. 당신은 이 책에서 돈에 대한 약간의 해답과 사소한 영감은 얻을 수 있겠지만, 궁극적인 답은 결국 스스로 찾아야 할 것이다. 다른 모든 진리와 마찬가지로 말이다.

# 지금은 맞고 그때는 틀리다

"내가 틀렸습니다."

똑똑한 사람이 이런 말을 할 때 나는 그의 주장을 더욱 신뢰하는 경향이 있다. 왜냐하면 자신의 무지를 인정하고 실수를 고백할 정도면, 유연한 사고를 하는 사람이기 때문이다. 돈을 다루는 능력이 탁월한 사람들은 공통적으로 유연한 사고를 한다. 그들은 확증편향確證偏向을 의심하고 자신과 생각이 다른 타인의 의견을 경청한다. 그리고 본인의 생각이 틀렸다는 판단이 들면 곧바로 인정하고는 행동에 옮긴다.

# 무지의 인정과 유연한 사고의 중요성

• • •

'액체 근대'에 접어든 이후, 무지의 인정과 유연한 사고는 그 어느 때보다 필요하다. 액체 근대는 사회학자 지그문트 바우만 Zygmunt Bauman이 정의한 개념이다. 근대 사회를 안정적이고 변하지 않는 고체와는 달리 끊임없이 변화하는 성질을 가진 액체에 빗대어, 불확실성이 높아졌음을 뜻한다. 액체 근대는 끊임없이 변화하며 복잡성을 증가시키는 특징이 있기 때문에, 변화의 조류에 발 빠르게 적응하지 못하면 모두가 도태된다. 오늘날 세계가 빠르게 유동하는 상황에서 무지의 인정과 유연한 사고는 필수적이다. 우리는 우리가 모른다는 것을 인정할 필요가 있다. 어제까지는 옳았던 것이 내일 틀릴 수 있으며, 반대로 어제까지는 틀렸던 것이 내일은 맞을 수도 있다.

액체 근대는 돈의 역학에도 영향을 미쳤다. 세계 경제와 화폐 시스템은 긴밀하게 연결되었고, 시장 동조화 현상은 심화되었으며, 복잡성이 증가함에 따라 사업·투자의 불확실성 역시 그 어느 때보다도 고조되었다. 그 결과 위기와 기회가 일상화되었다. 근면 성실하게 일하고, 꾸준히 돈을 저축해서 은퇴한 뒤에도 적당한 생활 수준을 유지하는 것 같은 전통적인 규범을 따르는 사람들은 만성적인 불안감을 느끼며 돈 걱정을 하게 되었다.

유연한 사고를 하지 못하면 부자가 되기 어렵다. 앞에서도 말했지만 유능한 투자자와 사업가는 '무조건' '확실히' '절대'와 같은 강한 확신을 표현하는 용어를 기피한다. 그들은 무지를 인정하고, 자신이 세운 가설을 의심하며, 낯설고 불분명한 것을 이해하려고 노력한다. 또한 원칙을 지키되 고집을 피우지는 않는다. 원칙과 고집의 차이는 다음과 같다. 원칙은 누구나 인정할 수 있는 보편적이고 객관적인 사실에 근거하고, 일관성과 형평성을 충족한다. 반면 고집은 논리적이지 못한 생각과 주관적인 경험에 근거하고, 비이성적이며 독단적이다.

유연한 사고에 능한 투자자 중 하나는 워런 버핏이다. "이해하지 못하는 것에는 투자하지 않는다"는 원칙을 가진 워런 버핏은 한동안 기술주에 투자하지 않는 것으로 유명했다. 그러나 오늘날 세계에서 시가 총액이 높은 주식은 주로 기술주다. 애플, 아마존, 구글Google, 테슬라 등과 같은 혁신 기업들이 기존의 질서를 파괴하고 새로운 강자로 우뚝 선 것이다. 이러한 변화의 흐름에 발맞추어 워런 버핏은 생각을 바꾸었고 애플에 투자를 단행했다. 몇 년 뒤, 애플 주가가 상승하면서 그의 판단은 옳은 것으로 판명났고, 버크셔 해서웨이는 막대한 차익을 냈다. 또한 버크셔 해서웨이는 아마존에도 투자했다. 워런 버핏은 아마존 창업자 제프 베이조스와 그의 비전을 과소평가했다고 인정한 바 있다. 이는 이해하지 못하는 것에는 투자하지 않는다는 원칙을 지키되, 유연한 사고를 하며 고집을 피우지 않은 사례다.

세계 최대 헤지펀드 브리지워터 어소시에이츠Bridgewater Associates 의 투자를 책임지고 있는 레이 달리오Ray Dalio 역시 유연한 사고를 잘하는 것으로 알려져 있다. 레이 달리오는 자신의 인생 철학과 투자관을 담은 『원칙』을 저술했는데, 이 책에서 유연한 사고의 중요성을 강조한다. 레이 달리오는 유연한 사고를 막는 두 가지 장애물을 자아와 사각지대로 규정한다. 자아는 실수와 약점을 받아들이기 어렵게 만드는 방어 기제로, 건설적인 비판도 공격으로 받아들이기 쉽게 만든다. 사각지대는 대상을 객관적으로 인식하지 못하게 만드는 허점이다. 누구나 자신의 경험과 사고 방식에 기반해 대상을 인식하기 마련이기에, 눈을 멀게 만드는 사각지대가 존재한다.

레이 달리오는 유연한 사고를 다음과 같이 말한다.

"개방적 사고를 위해서는 당신이 언제나 옳다는 애착을 무엇이 진실인지를 배우는 기쁨으로 대체해야 한다."

한편 요즘 들어 유연한 사고를 가늠하는 최고의 리트머스 시험지 중 하나는 비트코인이다. 비트코인에 대한 평가는 크게 세

가지다. 좋아하거나 싫어하거나 모르거나. 인상적인 점은 비트코인을 좋아하고 싫어하는 사람들의 의견이 극단적으로 갈리고, 서로 좀처럼 타협하지 않는다는 것이다. 가령 개발자, 벤처 기업가, 일부 전통 금융 투자자는 비트코인을 좋아한다. 반면 중앙은행, 경제학자, 다수의 전통 금융 투자자는 대체로 비트코인을 싫어한다. 낙관론자들은 비트코인을 가리켜 최고의 건전화폐라 칭하는 반면, 비관론자들은 비트코인을 마치 마약이나 범죄처럼 취급하며 세상에서 없어져야 할 악이라고 생각한다.

비트코인을 대하는 워런 버핏과 레이 달리오의 태도는 무척 흥미롭다. 워런 버핏은 시종일관 비트코인에 대해 부정적인 견해를 피력한다. 비트코인은 아무런 쓸모가 없고, 비트코인을 사는 것은 투자가 아니라 투기라는 것이 워런 버핏의 생각이다. 반면 레이 달리오는 비트코인에 대한 관점을 완전히 바꾸었다. 한때 비트코인을 투기적인 거품이라고 비난했던 레이 달리오는 수많은 사람들이 반박하자, 자신이 무언가를 놓치고 있을 수 있다는 완화적인 태도를 보였다. 이후 레이 달리오는 비트코인이 대단한 발명품이라 추켜세우며 비트코인에 투자했다는 사실을 밝혔다.

워런 버핏과 레이 달리오 중 과연 누가 맞을까? 아무도 모른다. 시간이 흐른 뒤에야 누가 옳았는지 밝혀질 것이다. 다만 워런 버핏보다 레이 달리오의 사고가 더 유연하다는 것은 지금도 쉽게 판별할 수 있다.

지금은 맞고 그때는 틀리다. 자신의 무지와 오판을 인정하는 것은 용기가 필요한 일이다. 성공한 사람일수록 더더욱 그렇다. 유연한 사고를 하지 못하는 사람은 결국 잘못된 결정을 내리고 실패할 가능성이 높다. 따라서 열린 눈으로 세계를 바라보고, 타인의 의견을 경청하며, 다른 생각을 수용할 필요가 있다. 성급한 판단으로 나쁜 결정을 해서 후회하기 전에, 의식적으로 다음의 주문을 외자.

"나는 내가 모른다는 것을 안다. 내가 틀렸을 수 있다. 주장하기 전에 경청하자. 건설적인 비판을 공격으로 받아들이지 말자. 지금 내리는 의사 결정이 최선이 아닐 수 있다."

# 달러의 종말

드람$^{dram}$(아르메니아의 화폐), 콜론$^{colón}$(코스타리카의 화폐), 렘피라 $^{lempira}$(온두라스의 화폐)를 들어본 적이 있는가? 아마 대부분의 독자 는 이것들이 익숙하지 않을 것이다. 이 외에도 오늘날 전 세계적 으로 150여 종이 넘는 화폐가 있는데 우리는 대부분 이것들을 모른다. 왜냐하면 달러를 중심으로 유로, 엔, 파운드, 프랑, 위안 등 지극히 소수의 화폐만이 국제 사회에서 인지도가 있고 영향 력을 발휘하기 때문이다. 특히 기축통화$^{基軸通貨}$(국제 결제나 금융 거 래 시 기본이 되는 화폐)인 달러의 영향력은 지배적이다.

그런데 흥미롭게도 달러가 기축통화가 된 지 100년이 채 되지 않은 이 시점에 달러의 종말이 도래할 수 있다는 전망이 제기되고 있다. 달러의 종말을 알아보기에 앞서 달러가 기축통화가된 역사를 먼저 알아보자.

## 달러는 어떻게 기축통화가 되었을까

• • •

달러가 기축통화가 된 배경은 제2차 세계 대전이 끝날 즈음인 1944년으로 거슬러 올라간다. 제2차 세계 대전 종전을 앞두고 44개국 정상은 미국 브레튼 우즈<sup>Bretton Woods</sup>로 모였다. 당시 미국과 영국을 비롯한 주요국은 제2차 세계 대전 이후 글로벌 금융 시스템을 어떻게 재편하고 운영할지를 논의했다. 당시 미국은 영국을 능가하는 패권국이자 세계 최대 금 보유국이었기에, 협상을 원하는 방향으로 주도할 힘이 있었다. 논의 결과, 주요국은 미국 달러를 기축통화로 한 금본위제도(금 1온스와 1달러의 교환 비율을 1:35로 고정) 및 IMF, IRBD International Bank for Reconstruction and Development, 국제 부흥 개발은행 설립 등에 합의했다. 미국의 달러가 공식적인 기축통화로 데뷔하는 순간이었다.

하지만 달러의 기축통화 현상은 고질적인 문제가 있었다. 일명 '트리핀 딜레마 triffin dilemma'라 불리는 이 문제는 다음과 같다. 만약 달러가 전 세계에 널리 퍼지고 공급량이 늘어나면 미국의 무역 적자가 심화된다. 이에 달러 가치가 하락하면 기축통화에 대한 신뢰도가 떨어지고 달러 기축통화 체제가 붕괴될 수 있다. 반대로 미국이 무역 적자를 허용하지 않고 달러 공급을 줄이면 달러가 기축통화의 본래 역할을 하지 못한다.

결과적으로 브레튼 우즈 체제는 오래가지 않았다. 베트남 전쟁, 미국의 만성적인 적자 등의 이슈로 달러에 대한 신뢰에 금이 가기 시작한 것이다. 미국의 금 태환 능력에 의문을 품은 유럽은 달러를 불신하기 시작했고, 달러를 금으로 교환해줄 것을 미국에 요청했다. 브레튼 우즈 체제 지속에 한계를 느낀 미국 대통령 리처드 닉슨은 급기야 1971년 달러와 금 태환을 중지할 것을 선언했다. 화폐는 이제 고정 환율제에서 변동 환율제로 변하게 되었고 금본위제는 역사의 뒤안길로 사라졌다. 브레튼 우즈 체제가 막을 내린 순간이었다.

브레튼 우즈 체제가 붕괴한 뒤에도 달러는 기축통화 지위를 유지했다. 바로 1970년대 중반부터 시작된 페트로 달러petrodollar 체제(석유 대금을 달러로만 결제할 수 있는 체제)를 통해서다. 미국은 석유 부국 사우디아라비아에 군사력을 제공한 대가로 석유 결제 화폐를 달러로만 하는 거래를 체결해 달러의 수요를 늘리는 데 성공한 것이다. 당시 협상을 주도한 미 국무장관 헨리 키신저

Henry Kissinger는 지정학과 돈의 역학을 제대로 이해하고 있던 것이 틀림없다. 그는 다음과 같은 말을 남겼다. "식량을 지배하는 자는 사람을 지배하고, 에너지를 지배하는 자는 대륙을 지배하며, 돈을 지배하는 자는 세계를 지배할 수 있다."

여기까지가 미국의 달러가 오늘날 기축통화의 지위를 누리고 있는 배경이다. 사실 달러는 별도의 책에서 통째로 다룰 정도로 내용이 방대하기 때문에, 위에 서술한 내용은 구체적인 맥락이 생략된 기초적인 정보라는 점을 강조하고 싶다. 달러를 제대로 알기 위해서는 화폐뿐 아니라 역사, 국제 정치, 지정학 관점에서도 포괄적으로 이해할 필요가 있다. 달러를 자세히 공부해보고 싶은 독자들에게 헨리 키신저, 레이 달리오, 니얼 퍼거슨Niall Ferguson, 피터 자이한Peter Zeihan, 새뮤얼 헌팅턴Samuel Huntington, 제임스 리카즈James Rickads, 사이페딘 아모스Saifedean Ammous의 저서를 읽어볼 것을 추천한다.

## 달러의 시대는 저무는가

• • •

미래에 달러는 기축통화의 지위를 유지할 것인가, 아니면 종말을 맞을 것인가? 다시 한번 강조하지만 미래는 아무도 모른다.

몇 가지 변수를 점검하고 가능한 시나리오를 도출해보는 것이 우리가 할 수 있는 최선이다. 우리는 아래의 주제들에 대해 생각해볼 필요가 있다.

- 세계는 여전히 달러를 원하는가?
- 달러 외 대안이 있는가?
- 미국의 패권국 지위는 유지될 것인가?
- 세계 질서에 어떤 변화가 있는가?
- 혁신 기술의 발전이 미칠 영향은 무엇인가?

먼저 달러에 대한 세계의 수요를 살펴보자. 달러에 대한 의존도를 낮추고 싶어 하는 수요는 분명히 존재한다. 왜냐하면 달러 중심의 글로벌 금융 시스템에 불만이 많은 중국, 러시아 등과 반미 국가 연합이 있을 뿐 아니라, 달러 자산의 기대 수익률이 매력적이지 않다고 보는 시각도 있기 때문이다. 실제로 IMF의 자료에 따르면, 21세기 들어 각국의 외환 보유액에서 달러 비중은 꾸준히 감소하는 추세다. 2000년 세계 외환 보유액에서 달러가 차지하는 비중은 70%를 상회했지만 2022년 기준 해당 수치는 60% 미만으로 감소했다. 이는 세계가 달러 외 대체 화폐(특히 중국의 위안을 비롯한 개도국 화폐)로 수요를 다변화하고 있음을 의미한다.

그렇다면 달러의 대안은 있는가? 현재로서는 없다. 유럽 연합의 유로, 영국의 파운드, 중국의 위안, 일본의 엔 등 주요국 화폐 모두 달러의 아성을 넘기에는 역부족이다. 실제로 패권국 지위를 두고 미국과 팽팽하게 힘겨루기를 하고 있는 중국은 야심 차게 위안의 국제화를 추진했으나 아직 괄목할 만한 성과를 내지 못했다. 외환 보유액, 자본·무역 거래, 외환 시장 등의 측면에서 위안이 차지하는 비중은 고작 2~3% 수준으로, 위안은 결코 달러의 도전 상대가 되지 못한다. 한편 국가가 가치를 보증하는 법정 화폐가 아닌, 민간이 만든 암호화폐가 대안으로 부상하고 있다. 그러나 암호화폐 역시 많은 한계점을 가지고 있기에 (대표적인 문제는 가격 변동성이 크다는 것이다.) 현재는 화폐로 쓰이기보다는 투기성 자산으로 기능하고 있다.

달러가 기축통화 지위를 유지할 수 있을지 여부는 미국의 패권에 영향을 받는다. 기축통화는 곧 패권국의 화폐이기 때문이다. 유럽이 대항해 시대의 포문을 연 이후, 포르투갈, 스페인, 네덜란드, 영국은 패권국으로 군림했고 각국의 화폐는 기축통화 역할을 했다. 눈에 띄는 점은, 200년 이상 패권국의 지위를 유지한 국가는 없었다는 것이다. 다시 말해 200년 이상 기축통화의 지위를 유지한 화폐 역시 존재하지 않았다는 뜻이다.

미국이 영국을 제치며 패권국으로 자리 잡고, 달러가 기축통화의 지위를 획득한 것은 20세기의 일이다. 20세기에 미국은 경쟁 관계에 있던 소련과 일본의 도전을 물리치고 기축통화국의 지위를 수성하는 데 성공했다. 그러나 21세기에는 상황이 달라질 수 있다. 역사가 반복된다고 가정하면, 21세기에 살고 있는 우리는 어쩌면 미국과 달러의 시대가 저무는 것을 목격할지도 모른다. 특히 빠르게 부상하는 중국을 효과적으로 견제하지 못하고, 미국 내부의 문제(천문학적인 국가 부채, 인플레이션, 양극화, 정치적 불안 등)를 원만하게 해결하지 못하면 달러의 종말은 충분히 실현될 수 있다.

한편 지금 세계 질서에 어떤 변화가 일어나고 있는지에 대해서 인지하는 것 역시 중요하다. 『21세기 미국의 패권과 지정학』 『셰일 혁명과 미국 없는 세계』 『각자도생의 세계와 지정학』의 저자 피터 자이한은 미국이 세계 경찰 역할을 그만두고 국제 사회 질서 유지에 무관심해질 것이라고 주장한다. 특히 셰일 혁명shale revolution(기술 발전으로 셰일 가스 채산성이 개선된 에너지 혁명) 덕분에 미국이 에너지 자급자족을 달성함에 따라, 미국이 중동에서 서서히 발을 뺄 것이라는 시나리오는 주목할 필요가 있다. 만약 이 시나리오가 현실화되면, 현재의 페트로 달러 체제 역시 심각한 변화를 겪을 수밖에 없기 때문이다.

오늘날 페트로 달러 체제를 있게 한 사우디아라비아는 이런 껌새를 눈치챈 듯하다. 사우디아라비아는 오랜 우방국이었던 미국과 조금씩 거리를 두며 중국과의 관계 강화에 힘을 쓰고 있는 양상이다. 중국은 위안화로 석유 대금을 결제하는 방안을 추진하며 달러의 힘을 약화시키기 위해 안간힘을 쓰고 있다. 앞으로 변화하는 세계 질서와 중동(특히 사우디아라비아)이 페트로 달러 체제와 달러의 위상에 어떤 영향을 미칠지 주목할 필요가 있다.

마지막으로, 혁신 기술의 발전 역시 주목할 만한 변수다. 특히 디지털화폐의 출현은 20세기에 금본위제의 퇴장만큼이나 중요한 역사적 이벤트라는 것이 나의 생각이다. 중국의 디지털 위안, 민간 기업이 발행하는 디지털화폐, 그리고 비트코인과 같은 암호화폐는 달러의 지위를 위협할 수 있다. 주지하고 싶은 사실은, 패러다임이 변하는 시기에는 기존의 질서가 급속도로 재편될 수 있다는 것이다. 즉, 달러는 디지털화폐로 돈의 패러다임이 변하는 시기에 디지털 달러로 제때 변신하지 않으면 기축통화의 지위를 상실할 수 있다.

달러의 종말이 도래할지는 아무도 모른다. 그러나 몇 가지 주목할 만한 변수와 이에 따른 시나리오들을 점검해보는 것은 의미가 있다. 조심스럽게 개인적인 생각을 공유해보자면, 패권국으로서 미국의 입지는 당분간 공고할 것으로 예상한다. 왜냐하

면 미국의 리더십을 대신할 하드파워(군사력, 경제력 등과 같이 정량
적으로 측정할 수 있는 힘)와 소프트파워(문화, 매력, 예술, 교육 등과 같
이 정량적으로 측정하기는 어렵지만 정성적인 힘)를 모두 겸비한 국가
가 아직까지는 존재하지 않기 때문이다. 그러나 달러의 지위는
지금보다 약화될 수 있다고 생각한다. 돈의 패러다임은 역사적
으로 변화를 거듭해왔는데, 중앙은행이 독점적으로 화폐를 통제
하는 현재의 패러다임은 다가올 디지털화폐 시대에 상당한 변화
를 겪을 수 있다고 생각하기 때문이다. 디지털화폐에 관해서는
바로 뒤에서 자세히 알아보도록 하자.

# 디지털화폐의 시대가 온다

돈은 시대에 따라 생김새와 형태를 변형해 진화해왔다. 조개 껍데기가 돈이었던 시절의 원시인이 오늘날 현대인이 사용하는 돈을 보면 놀라움을 금치 못할 것이다. 현대 사회는 신용 카드, 전자 지불 결제 수단 등이 발달함에 따라 현금 없는 사회로 이행하고 있다. 클릭 몇 번이면 국경을 초월한 신속한 결제가 가능하고, 모바일 페이가 확산되면서 거추장스럽게 지갑을 들고 다닐 필요도 없어지게 되었다. 특히 코로나19 팬데믹 이후 비대면 서비스가 활성화되면서 현금 없는 사회로 전환되는 속도가 더욱 빨라지고 있다. 심지어 아예 현금을 받지 않는 매장도 많이 생겨

나고 있다.

이러한 흐름 속에서 돈의 미래는 어떨까? 앞으로 점점 현금과 카드 사용이 줄어들고 모바일 지갑에 탑재된 디지털화폐가 대중화될 것이라 모두가 예측한다. 다만 그 양상에 대해서는 저마다 다른 견해가 있다. 일단 디지털화폐의 분류부터 명확히 해보자.

디지털화폐의 종류는 크게 세 가지다. 첫째, 민간이 발행한 가격 변동성이 큰 암호화폐가 있다. 비트코인과 이더Ether가 대표적인 예다. 둘째, 민간 기업이 발행한 스테이블코인이 있다. 스테이블코인은 달러, 국채 등 안전 자산으로 담보물이 설정되어 있어 가격 변동성이 여타 암호화폐 대비 작은 것이 특징이다. 셋째, 중앙은행이 발행한 CBDCCentral Bank Digital Currency, 중앙은행 디지털화폐로 기존의 법화가 디지털화폐의 형태로 바뀐 것이다.

## 가격 변동성이 큰 암호화폐

• • •

먼저 암호화폐를 살펴보자. 민간이 컴퓨터 코드로 주조한 암호화폐가 미래 디지털화폐의 주역이 될 것이라 생각하는 낙관론자들이 존재한다. 대표적으로 트위터Twitter와 블록Block의 창업자 잭 도시Jack Dorsey는 비트코인의 열성적인 지지자로 알려져 있다.

그는 돈의 미래에 대해서 이렇게 말한 바 있다.

"세계는 결국 하나의 단일화폐를 가질 것이다. 인터넷은 단일
화폐를 가질 것이다. 나는 개인적으로 그것이 비트코인이라
고 믿는다."

엘살바도르의 대통령 나입 부켈레<sup>Nayib Bukele</sup> 역시 잭 도시와 마
찬가지로 달러 중심의 법정화폐 시대가 저물고 비트코인이 돈의
미래의 주역이 될 것이라 믿는다. 그는 세계 최초로 비트코인을
법정화폐로 채택함으로써, 국민들의 해외 송금 수수료를 절감하
고(엘살바도르가 웨스턴 유니언<sup>Western Union</sup> 등 해외 송금 업체에 지불하는
수수료는 국내 GDP의 25% 이상을 차지한다), 외국 자본과 관광객을
유치해 엘살바도르 국가 경제에 활력을 불어넣으려는 시도를 하
고 있다.

참고로 암호화폐 시장에는 1만 개가 넘는 코인이 존재한다.
이것들은 대부분 디지털화폐라기보다는 투기성 자산이고, 10년
안에 90% 이상이 사라질 것이라고 나는 생각한다. 다만 이 중에
서 살아남을 몇몇 암호화폐는 비트코인과는 다른 형태로 디지털
화폐 생태계에서 의미 있는 역할을 할 것으로 기대한다. 예를 들
어 이더리움<sup>Ethereum</sup> 네트워크의 기축통화로 활용되는 이더가 대

표적이다. 플랫폼 블록체인을 표방하는 이더리움상에서 다양한 애플리케이션이 개발되고 있고(스테이블코인도 그중 하나다), 이더는 이더리움 네트워크를 사용하는 수수료로 활용된다. 만약 미래에 암호화폐 생태계가 보다 활성화되고 이더리움 네트워크가 중추적인 인프라로 기능한다면, 이더는 디지털화폐에서 중요한 축을 차지할 잠재력이 있다.

## 가격 변동성을 작게 한 스테이블코인

•••

한편 민간 기업이 발행한 스테이블코인의 발전 양상도 흥미롭다. 현재 스테이블코인 시장은 암호화폐 관련 민간 기업이 관리하는 USDT Tether, USDC USD Coin, BUSD Binance USD라는 디지털화폐를 중심으로 형성되어 있다. 각각의 디지털화폐는 달러, 미국고채, 어음 등으로 담보가 설정되어 있고, 가치가 1달러로 고정되어 있어 암호화폐 시장에서 중요한 거래 매개체로 활용되고 있다. 인상적인 점은 USDC를 관리하는 서클 Circle은 블랙록, 피델리티 인터내셔널 등 월가에서 투자를 유치하는 데 성공하며, 암호화폐 생태계뿐 아니라 전통 금융 시스템에 USDC를 접목시키는 방안을 모색하고 있다는 점이다.

암호화폐 기업뿐 아니라 빅테크 기업도 스테이블코인 시장에 직접 뛰어드는 방안을 모색하고 있다. 가령 메타는 자체 스테이블코인 디엠Diem의 청사진을 발표하고 사업을 추진한 바 있다. 페이스북Facebook(페이스북은 2021년 메타로 사명을 변경했다.)의 유저가 약 30억 명에 육박한다는 점을 고려하면, 디엠은 전 세계에서 가장 인구가 많은 디지털 국가의 기축통화로 자리매김할 잠재력이 있었다. 메타 CEO 마크 저커버그는 메타버스metaverse(현실 세계와 같은 사회·경제·문화적 활동이 이루어지는 3차원 가상 세계)로의 대대적 전환을 선언하며 디엠 프로젝트를 밀어주었다. 그러나 메타버스의 기축통화를 만들겠다는 마크 저커버그의 야심 찬 계획은 각국 정부의 반대에 부딪혀 실패했다.

페이스북뿐 아니라 글로벌 결제 기업인 페이팔PayPal 역시 스테이블코인 사업을 검토한 것으로 알려져 있다. 페이팔 CEO 댄 슐만Dan Schulman은 돈의 미래를 다음과 같이 말했다.

"10년 뒤, 당신은 현금 사용이 엄청나게 줄어드는 것을 목격하게 될 것이다. 모든 형태의 결제가 모바일로 집결될 것이다. 결제 형태로서 신용 카드는 없어질 것이고 모바일을 사용하게 될 것이다. …(중략)… 바로 이것이 디지털화폐의 출현이다."

# 중앙은행이 발행한 디지털화폐, CBDC

• • •

디지털화폐 주권을 민간에 뺏기지 않기 위해 중앙은행 역시 분주히 움직이고 있다. 맥킨지 앤드 컴퍼니McKinsey & Company의 조사에 따르면, 전 세계 중앙은행의 약 90%가 CBDC를 검토하고 있는 것으로 알려져 있다. 국가가 가치를 보증한다는 점에서 CBDC는 여타 민간 디지털화폐와 근본적으로 다르다.

그러나 돈의 미래에 유의미한 영향력을 발휘할 CBDC는 미국, 유럽, 중국, 일본 등 주요국이 발행한 디지털화폐로 한정될 것으로 보인다. 다시 말해 약한 화폐를 가진 국가는 CBDC를 도입해보아야 별다른 효력이 없을 것이다. 예를 들어 당신이 만약 아르헨티나 국민이라고 해보자. 연 40%가 넘는 살인적인 인플레이션율 때문에 자국화폐를 보유하기만 해도 가난해지는 상황에서 디지털 페소peso(아르헨티나 화폐 단위)가 무슨 쓸모가 있겠는가? 마찬가지로 뱅크 런이 발생한 레바논의 디지털 레바논 파운드Lebanon pound(레바논의 화폐 단위) 역시 화폐의 제 기능을 하지 못할 것이다.

CBDC의 가장 큰 문제 중 하나는 프라이버시다. CBDC가 활성화되면 국가는 시민들의 경제 활동을 일일이 감시하고 통제하는 빅브라더big brother로 거듭날 수 있다. 특히 중국과 같은 권위적인 정부가 디지털화폐를 도입한다면, 반체제적인 시민들에게 경제적 불이익을 주거나 심지어 돈을 몰수하고 경제 활동을 원천 차단하는 것도 가능해진다. 실제로 CBDC에 가장 적극적인 국가는 중국으로, 텐센트<sup>Tencent</sup>와 알리바바<sup>Alibaba</sup>, 화웨이<sup>Huawei</sup> 같은 중국 빅테크 기업은 중국 CBDC 연구 및 도입에 박차를 가하고 있다. 중국이 CBDC에 적극적인 이유는 미국 달러 패권에 대한 도전과 동시에 자국 감시 체제를 강화하는 목적으로 해석된다.

돈을 전적으로 국가만 발행해야 한다는 판타지는 역사가 그리 오래되지 않았다. 최초의 중앙은행은 17세기가 되어서야 스웨덴에 설립되었고, 현대 중앙은행의 대장이라 할 수 있는 미국 연방준비제도<sup>Federal Reserve System, Fed</sup>는 설립된 지 100년이 조금 넘었을 뿐이다. 국가를 신뢰할 수 없는 상황은 왕왕 발생하고 이는 민간화폐가 존재하는 이유가 된다. 다시 말하면 인플레이션, 금융 시스템 붕괴, 감시 사회 등으로 국가가 CBDC를 도입한다고 하더라도 민간 디지털화폐 역시 사라지지 않을 것이라고 내가 생각하는 이유다. 그러므로 비트코인을 비롯한 주요 암호화폐, 민간 기업이 발행한 스테이블코인, 그리고 주요국 CBDC가 각자의 역할을 하며 공존하는 것이 내가 조심스럽게 전망하는 돈의 미래다.

다가올 돈의 미래가 어떻게 될지는 아무도 정확히 예측할 수 없다. 모든 것이 불확실하니까. 다만 매우 높은 확률로 변하지 않을 사실은 다음과 같다. 미국 달러와 중앙은행의 지위가 이대로 유지되지는 않을 것이라는 점, 국가와 기업, 그리고 특정 운영 주체가 없는 암호화폐 간 디지털화폐 전쟁이 발발할 것이라는 점, 디지털화폐가 대중화되면 개인의 프라이버시는 심각한 위협을 받을 것이라는 점, 자본주의 체제가 존속하는 한 가상의 존재인 돈은 인간을 웃고 울리는 (때로는 살리고 죽이는) 전지전능한 존재로 남아 계속 신처럼 군림할 것이라는 점이다.

# 호모 루덴스 전성시대

『호모 루덴스』의 저자 요한 하위징아<sup>Johan Huizinga</sup>는 놀이가 인류 문명의 토대가 되었다고 주장한다. 호모 루덴스<sup>homo ludens</sup>는 놀이 하는 인간이라는 뜻으로, 요한 하위징아가 이 책에서 처음 사용한 용어다. 그는 놀이를 이렇게 정의한다.

"놀이는 자유롭게 받아들여진 규칙을 따르되 그 규칙의 적용은 아주 엄격하며, 놀이 그 자체에 목적이 있고 일상생활과는 다른 긴장, 즐거움, 의식을 수반한다."

산업화 시기에 놀이와 돈은 궁합이 맞지 않았다. 근면 성실하게 일하는 것이 가장 확실하게 돈을 벌 수 있는 방법이었고 놀이는 터부가 되었기 때문이다. 따라서 당시에는 베짱이처럼 놀기 좋아하는 사람은 개미처럼 묵묵히 일하는 사람보다 가난해지기 쉽다는 인식이 지배적이었다. 놀이는 돈을 버는 데 도움이 되지 않고 부정적인 것으로 치부되어 천대받았다. 즉, 무용하다 여겨졌다. 유용한 일을 하지 않고 노는 사람은 산업화 사회에 만연한 규율 체계 속에서 모종의 죄책감을 느껴야 했다.

그러나 21세기 들어 놀이의 위상은 달라졌다. 부의 패러다임이 굴뚝 산업에서 디지털 산업으로 넘어감에 따라, 다양한 방법으로 놀면서 돈을 벌 수 있는 방법이 많아졌기 때문이다. 예를 들어 일상을 공유하는 유튜버가 되거나, 첨단 디지털 장비를 가지고 자유롭게 해외에서 업무를 보는 디지털 노마드로 생활하거나, 맛집을 다니는 인플루언서가 되거나, 메타버스에서 사람들과 교류하거나, 심지어 게임을 하면서도 돈을 벌 수 있다. 근면 성실하게 일하는 개미보다는 창의적으로 놀이를 즐기는 베짱이가 더 많은 돈을 벌 수 있는 세상이다. 바야흐로 호모 루덴스의 전성시대다.

# 잘 노는 것은 돈이 된다

• • •

『가진 돈은 몽땅 써라』의 저자 호리에 타카후미Horie Takafumi는 성공한 호모 루덴스의 전형이다. 괴짜기업가로 유명한 그는 돈에 대한 자신만의 철학이 있다. 그것은 바로 돈을 아끼지 말고 펑펑 써야 더 큰돈을 벌 수 있다는 것이다. 명품이나 외제차 등을 소비하는 데 돈을 탕진하라는 뜻이 아니다. 경험과 시간을 사는 데 과감하게 돈을 쓰라는 것이다. 그는 책에서 다음과 같이 말한다.

"내가 이제까지 번 돈을 전부 저축했다면 일본의 40대 월급쟁이 중에서는 손에 꼽히는 부자가 되었을지도 모른다. 하지만 나에게는 저축보다 당시 매 순간의 만남, 흥분, 체험이 몇 배는 값지게 다가왔다."

실제로 호리에 타카후미는 노는 경험에 돈을 아낌없이 썼고, 그 경험은 그가 새로운 방식으로 부를 축적하는 매개체가 되었다.

호리에 타카후미가 추구하는 가치는 '재미'고, 그가 중요하게 생각하는 역량은 '잘 노는 것'이다. 재미있는 일을 찾아 놀이처럼 즐겨야 생산성이 극대화되고 돈을 벌 기회를 많이 만들어낼 수 있다는 것이 그의 견해다. 나는 이에 어느 정도 공감하는 편이다. 실제로 잘 노는 사람이 일도 잘하고 돈도 잘 번다. 잘 노는 사람은 한번 어떤 일에 재미를 느끼면 끝장을 볼 때까지 여기에 몰입하는 경향이 있다. 몰입은 성공할 확률을 높인다(성공을 보장하는 것은 아니다. 거듭 강조하지만 성공에는 반드시 운이 따라야 한다). 이런 부류의 사람이 한번 성공의 달콤함을 맛보면, 그는 또 다른 재미있는 일을 찾아 나서고 그 일은 새로운 기회로 이어진다. 이러한 선순환을 경험한 자는 삶이 곧 놀이가 되고 놀면서 돈을 번다는 것이 어떤 의미인지 깨닫는다. 다시 말해 '덕업일치'를 실현하는 것이다.

물론 예외가 원칙이 될 수는 없다. 가진 돈을 펑펑 쓰고 신나게 놀면서 충분한 수준의 돈을 버는 사람은 아직은 소수에 불과하다. 그럼에도 새로운 디지털 문명이 출현하고 기존에는 존재하지 않았던 새로운 직업군이 생기는 것을 보면, 호모 루덴스의 전망은 무척 밝아 보인다. 놀이는 이제 무용한 것에서 유용한 것으로 탈바꿈해 돈의 지형에도 지대한 영향을 미치고 있다. 놀이는 돈이 된다. 21세기 미래 사회는 잘 노는 호모 루덴스가 능력자로 취급받는 시대이고, 앞으로도 호모 루덴스가 돈의 미래를 주도할 것이다. 이런 점에 비추어 볼 때 '개미와 베짱이' 이야기는 어쩌면 요즘의 상황에 맞게 새롭게 각색되어야 할지도 모르겠다.

# 기본 소득에 대해

기본 소득은 시민들이 일정한 수준의 생활을 영위할 수 있게 끔 국가가 돈을 지급하는 제도다. 기본 소득이 여타 복지 제도와 다른 점은 개인의 경제력, 고용 상태, 국가 기여도 등과는 무관하게 돈을 무차별적으로 제공한다는 것이다. 보편적인 시민을 대상으로 조건 없이, 현물이 아닌 돈을 지급한다는 점에서 기본 소득은 대단히 파격적인 복지 제도라 할 수 있다. 참고로 핀란드를 비롯한 여러 유럽 복지 국가뿐 아니라 미국, 캐나다 등 선진국은 이미 기본 소득 제도를 실험적으로 시행하거나 활발히 논의하고 있다. 한국도 최근 몇 년 사이 관련 논의가 본격화되었다.

# 기본 소득 논의가 제기된 배경

• • •

흥미로운 점은 '큰 정부'를 선호하지 않는 부자들도 기본 소득 만큼은 지지하는 경향이 있다는 것이다. 특히 테크 억만장사들이 기본 소득을 옹호한다는 것은 의미심장하다. AI, 자율주행 전기차, 소셜 미디어, 우주 산업 등 첨단 기술을 선도하는 혁신 기업가 일론 머스크는 기본 소득에 대해 다음과 같이 말했다.

"제 생각에 우리는 결국 일종의 기본 소득을 도입할 확률이 큽니다. 자동화 때문에 말이죠."

일론 머스크 외에도 마크 저커버그, 빌 게이츠 등 다른 테크 억만장자도 기본 소득의 필요성을 제기하고 있는데, 그들 주장의 공통적인 배경은 기술 발전에 따른 일자리 증발 우려다.

실제로 복수의 전문가는 기술이 기하급수적으로 발전함에 따라 앞으로 일자리가 줄어들고 노동 시장의 양극화가 심화될 것이라 전망한다. 가령 서울대학교 연구팀이 내놓은『미래 사회 보고서』에 따르면 미래의 노동 시장에는 네 가지 계급이 존재한다. 플랫폼을 소유한 기업가, 플랫폼을 능숙하게 활용하는 슈퍼스타, AI, 그리고 플랫폼에 종속되어 노예와 다를 바 없는 생활을 하는 프레카리아트precariat('불안정한'이라는 뜻의 '프레카리오precario'와 노동자를 뜻하는 '프롤레타리아트proletariat'의 합성어)다. 연구팀은 99.99%의 평범한 사람은 고용 안정성이 낮은 프레카리아트로 전락할 것이라 전망한다. 기본 소득 옹호론자들은 바로 이런 이유 때문에 보다 근본적인 복지 제도 개편이 필요하다고 주장한다.

이 시점에서 우리가 생각해보아야 할 문제는 다음과 같다. '기계가 인간보다 거의 모든 면에서 우월해지고 인간의 일자리를 대체한다면, 미래의 인류는 대체 무슨 일을 해야 할 것인가?' '앞으로 노동의 패러다임은 어떻게 바뀔 것인가?' '근로 소득에 주로 의존하던 보통의 사람들은 앞으로 어떻게 돈을 벌어야 한다는 말인가?' '기본 소득이 효과적인 대안이 될 수 있을까?'

## 기본 소득이 도입된 미래 사회는 유토피아일까

• • •

기본 소득의 도입이 가져올 변화에 대해서는 의견이 분분하다. 가령 『21세기 기본소득』은 미래 사회에는 기본 소득이 노예제도 폐지, 개인 소득에 대한 과세, 보편적 참정권, 무상의 보편 교육 등처럼 인간이 당연히 누리는 권리가 될 것이라 주장한다. 19세기가 노예 해방의 시대, 20세기가 보편적 선거 도입의 시대였다면, 21세기는 기본 소득의 시대가 될 것이라는 것이다.

하지만 나의 생각은 조금 다르다. 기본 소득 도입의 필요성에는 동의한다. 정부와 첨단 테크 기업들은 일자리 증발에 따른 혁명을 방지하기 위해, 시민들을 대상으로 일종의 기본 소득을 지급해야만 할 테니까. 기본 소득은 돈의 미래에 중요한 축을 담당할 잠재력이 있다는 데는 이견이 없다. 그러나 기본 소득이 도입된 미래 사회가 과연 희망찬 유토피아일지는 의구심이 있다. 오히려 미래 사회가 올더스 헉슬리<sup>Aldous Huxley</sup>가 『멋진 신세계』에서 묘사한 디스토피아<sup>dystopia</sup>(이상향을 뜻하는 유토피아와 반대로, 현대 사회의 부정적인 측면들이 극대화되는 미래상)와 유사해질까 우려된다. 기본 소득은 자유의 도구라기보다는 기술 발전을 옹호하는 명분이자, 첨단 기술에 소외된 사람들의 불만을 누그러뜨리는 유인책에 가깝다는 것이 나의 견해다.

내가 보기에 앞으로 평범한 사람들은 점점 현실에서 일자리를 잃는 대신, 메타버스라 불리는 가상 세계에서 표면적으로는 유희처럼 보이는 새로운 방식의 일을 하게 될 것이다. 마치 영화 〈레디 플레이어 원<sup>Ready Player One</sup>〉에서 묘사된 사회처럼, 가장 귀중한 (그러나 돈과 일자리가 없는 사람들에게는 너무나 풍부한) 자원인 시간을 투여해 메타버스의 재료가 된 대가로 디지털화폐를 얻는 방식으로 말이다. 닐 포스트만 Neil Postman 의 표현을 빌리자면, 한마디로 '죽도록 즐기면서' 일할 것이다. 돈이 있는 사람들은 현실 세계에서 시간을 많이 보내는 한편, 균형 잡힌 노동과 여가가 보장되지 않는, 돈 없는 사람들은 사실상 강제적으로 가상 세계에서 여가로 포장된 노동으로 시간을 많이 보내는 것, 이것이 내가 우려하는 서글픈 미래 사회의 모습이다.

# PART 7

# 나의 돈 이야기

ABOUT MONEY

"

돈은 사람을 바꾸지 않는다.
단순히 그들의 정체를 드러낼 뿐이다.

_ 헨리 포드 Henry Ford

"

# 나의 돈 이야기

돈에 관한 책을 쓰는 작가는 크게 세 부류다. 순전히 돈에 호기심이 많은 사람, 사업 및 투자로 돈을 많이 번 사람, 그리고 재테크 비법을 홍보하고 판매하는 일을 업으로 하는 사람이다. 이들 모두 돈에 대한 자신만의 확고한 생각이 있고 이것을 세상에 전파하고자 한다는 점이 공통점이다. 경우에 따라 한 작가가 여러 부류에 동시에 속하기도 한다.

나는 첫 번째에 가장 가까운 사람이라 할 수 있다. 순수한 호기심과 작품을 인정받고 싶은 허영심, 그리고 독자들이 돈에 대해 진지하게 생각해보기를 바라는 정치적인 목적이 내가 이 책을 집필하게 된 주요 동기다.

돈에 관한 책은 크게 두 부류다. 철저히 작가 자기중심적인 이야기와 이와 반대로 작가 개인 정보가 거의 드러나지 않는 이야기다. 일반적으로 전자는 자기 계발서적이나 재테크서적으로 분류되고, 후자는 인문 교양서적으로 분류된다. 경제·경영서적은 이 중간 어디쯤에 위치한 경우가 많다.

나는 애초에 이 책의 이야기 주인공을 돈으로 설정했기 때문에 나의 개인적인 이야기에 많은 지면을 할애하지 않았다. 내가 이야기의 주인공으로 전면적으로 나서기보다는, 한발 물러난 관찰자로서 돈에 대해 생각하고 느낀 바를 주로 기록한 것이 이 책이다.

그런데 원고를 마무리할 때쯤, 나는 나의 돈 이야기 역시 책의 끝에 기록하고 싶은 충동을 느꼈다. 왜냐하면 우리 사회는 이야기와 이야기꾼을 결부시키는 것에 익숙한데, 돈 이야기에 대해서는 유독 이런 경향이 높기 때문이다. 그렇기 때문에 누군가 돈에 관한 책을 읽는다면, 그 책을 쓴 작가의 개인적인 이야기에도 관심이 생기는 것이 당연할 수 있다. 게다가 지금의 나의 돈 이야기를 내가 훗날 다시 읽어본다면 재밌을 것 같다는 생각도 들었다. 즉, 이 글은 이야기꾼의 개인적인 이야기를 궁금해할 독자들과 미래의 나를 위해 쓴 일종의 부록이다.

# 돌이켜보면 모든 것이 선물이었다

• • •

나는 돈과 관련해서 운이 좋았던 편이다. 돌이켜보면 모든 것이 선물이었다. 우선 나는 부모님께 '적당한 결핍'을 선물 받았다. 부모님은 나를 응석받이로 키우지 않았지만, 그렇다고 척박한 환경에 방치해두지는 않았다. 하고 싶던 모든 것이 허용되지는 않았지만, 지각 있는 성인으로 성장하기 위한 알맞은 지원은 있었던 것이다. 적당한 결핍 덕분에 나는 운 좋게 어릴 때부터 절제하는 법을 배울 수 있었다. 이는 훗날 탐욕을 경계하고 적은 것을 가지고도 잘 살아가는 방법을 터득하는 데 도움이 되었다.

돈이 작동하는 금융 시장에 일찍부터 흥미를 가지게 된 것 역시 행운이었다. 특히 피터 린치, 워런 버핏 같은 전설적인 주식 투자자에게 상당한 영감을 받았다. 투자 가설을 세우고 검증해서 종국에 판단이 맞는다면, 일하지 않아도 돈이 불어난다는 것이 마법처럼 느껴졌다. 내게는 성공한 투자자들이 돈의 연금술사처럼 보였다. 어린 나이에 투자를 시작하고 커리어를 금융 투자 업계에서 시작하게 된 것 역시 따지고 보면 행운이었다.

부가 곱셈의 방정식을 따른다는 사실과 더불어 남이 주는 월급에만 의존하는 것이 대단히 위험한 선택지일 수 있다는 것을 빨리 깨달은 것도 행운이었다. 이는 자본주의의 작동 원리와 금융 시스템을 공부하다 보니 알게 된 사실이다. 나한테 돈이 꽃피는 나무는 무엇일까? 이것을 어떻게 지속 가능한 수준으로 키울까? 비교적 어린 나이에 이 주제를 치열하게 고민하고, 떠오른 아이디어를 재빠르게 실행에 옮기고, 때로는 안전지대 밖에서 (감당할 수 있는) 수많은 실패를 체험했다. 다양한 시행착오 끝에 내린 내가 내린 결론은 노동과 투자를 병행하면서 글을 쓰는 것이 나한테는 최선의 방법이라는 것이다.

한편 비트코인과 암호화폐에 관심이 생기게 된 것 역시 내게는 큰 행운이었다. 불확실한 대상에 커리어와 투자 포트폴리오를 모두 노출시키는 것은 위험 관리 측면에서 분명 좋은 선택이 아니다. 그러나 내게는 암호화폐가 인터넷과 마찬가지로 세상을 바꿀 혁신 기술이라는 확신이 있었다. 그리고 실패해도 일어설 수 있는 패기와 젊음이 있었다. 앞서 말했듯, 기술의 패러다임이 변하는 때에 사이클의 극단성이 두드러지고 인생을 바꿀 텐 배거 투자 기회가 많이 발생한다. 나는 이 기회를 놓치지 않기 위해 과감하게 커리어와 투자 모두 암호화폐에 집중했고, 결과적으로 나쁘지 않은 성과를 냈다. 비록 극심한 스트레스를 겪기는 했지만 말이다. 아마 위험을 감수하지 않고 안전지대에 계속 머물렀다면, 결코 이런 성과를 내지 못했을 것이다.

마지막으로 경제적으로 다양한 부류의 사람들과 교류하는 것 역시 대단한 행운이었다. 내 인적 네트워크에는 형편이 넉넉하지 않은 서민층, 먹고사는 데 지장은 없지만 항상 부족함을 느끼는 중산층, 경제적으로 여유로운 상류층이 골고루 존재한다. 출신, 일, 소비 습관, 라이프 스타일, 돈에 관한 가치관이 천차만별인 사람들과 두루두루 알고 지내는 것은 균형 잡힌 시각을 갖는 데 도움을 주었다. 그들에게서 발견한 인상적인 공통점은 돈 문제에서 각자가 처한 상황은 다르지만, 모두가 돈 걱정을 하며, 각자가 돈이 많고 적음에 따라 생기는 크고 작은 문제가 있다는 것이다. 다양한 사람과 교류하며, 나는 남과 비교하지 않고 가진 것에 감사하는 태도를 가질 수 있게 되었다.

이제 나는 더 많은 돈을 벌기 위해 공격적으로 위험을 감수할 계획이 없다. '충분한 부'를 달성하기 위해 '최대한 잃지 않으면서' 서서히 부를 늘려나가는 것이 목표다. 충분함에 대한 나의 기준점은 기본적인 의식주 욕구를 충족하고, 자본 소득만으로 생활비를 충당하며, 안락한 삶을 사는 것이다. 또한 돈 때문에 향기 없는 노동을 하고 싶지 않기 때문에, 여건이 여의치 않으면 언제든지 일을 그만둘 수 있는 선택권을 가지고 싶다. 상황에 따라 생활비가 달라지기 때문에 명확하게 금액을 산정하기는 어렵지만, 이를 실현하기 위해 천문학적인 거금이 필요한 것은 아니다. 특별히 불운한 재앙이 닥치지 않는 이상, 지금처럼 일하고 저축하고 투자하면서 현재의 라이프 스타일을 유지하면, 충분히 달성 가능한 목표라고 나는 생각한다.

나는 바라는 것과 가진 것을 명징하게 인식하고, 의식적으로 탐욕을 조절하려고 노력하는 편이다. 특히 남과의 비교를 경계하고 모든 일에는 대가가 따른다는 진리를 상기한다. 나는 필요하지도 않은 돈을 더 벌기 위해 시간, 인간관계, 자유, 건강을 희생하고 싶지 않다. 만약 큰 운이 따라 기준점 이상의 돈을 벌게 되면, 반드시 사회에 환원할 생각이 있다. 특히 불운한 환경 때문에 결핍이 많은 친구들에게 교육의 기회를 주고 싶다.

나의 돈 이야기는 현재 진행형이다. 앞으로 인생에 몇 번의 크고 작은 성공과 실패가 있을 것이다. 그 결과에 따라 돈을 벌기도 하고 잃기도 할 것이다. 때로는 자연재해 같은 일이 발생해 큰 손실을 보거나 벼락부자가 될 솔깃할 기회도 있을 것이다. 나는 인생의 많은 부분을 결정하는 것이 운이라고 생각한다. 노력이 반드시 성공을 보장하는 것이 아니듯, 실패 역시 게으름의 필연적인 결과가 아니다. 내가 할 수 있는 최선은 통제할 수 있는 변수와 그렇지 않은 변수를 구분하고, 운을 실력으로 착각하지 않으며, 위험을 알맞게 관리하고, 분수에 맞지 않는 사치를 멀리하며, 우연의 장단에 리듬을 맞추는 것이다.

# 돈에 대한 지극히 주관적인 철학

돈에 대한 철학은 돈의 정의, 돈을 대하는 태도, 돈을 벌고 불리고 쓰는 방식, 운과 위험에 대한 생각 등에 영향을 미친다. 돈에 대한 철학 없이는 결코 돈과 친해질 수 없다는 것이 나의 생각이다.

어쩌다 요행으로 큰돈을 벌었다고 하더라도 돈에 대한 철학이 부재한 상황에서는 계속 부자로 남아 있기 어렵다. 돈의 주인으로 살기 위해 우리는 돈에 대한 자신만의 철학을 정립할 필요가 있다.

# 돈은 'No'라고 할 수 있는 권리

•••

돈이란 무엇인가. 내게 돈은 'No'라고 할 수 있는 권리다. 돈을 통해 원하는 것을 쟁취하는 것보다 원하지 않는 것을 거절할 수 있다는 점이 나한테는 훨씬 중요하다. 원하지 않는 것을, 원하지 않는 사람과, 원하지 않는 때, 원하지 않는 곳에서, 원하지 않는 방식으로, 가장 귀중한 자원인 시간을 낭비하며 하는 것은 정말이지 고역스러운 일이다. 돈은 이런 문제를 일정 부분 해결해줄 수 있다. 가령, 하기 싫은 일을 거절하거나 타인에게 아웃소싱 outsourcing할 때 돈은 유용한 도구다. 또한 별로 좋아하지 않는 사람과 엮이고 싶지 않거나, 상사나 고객에게 굽실거리면서 아쉬운 소리를 하고 싶지 않을 때 역시 돈은 요긴하게 활용될 수 있다. 쉽게 말해 돈은 돈 때문에 억지로 썼어야 할 가면을 벗고 '나다움'을 유지할 수 있는 도구다. 돈은 사람을 변하게 하지 않는다. 다만 그가 본모습을 드러내는 것을 도와줄 뿐이다.

내가 정의하는 부자는 누구의 간섭도 받지 않고 최대한의 독립성을 유지하며 그가 원하지 않는 무수한 것들에 'No'를 많이 행사할 수 있는 사람이다. 편법을 쓰거나 남들에게 무례하게 구는 것이 아니라 합법적인 방식으로 어디까지나 남에게 피해를 주지 않는 방식으로 말이다. 보는 눈이 많고 다양한 이해관계자의 영향을 받는 1조 원을 가진 유명인보다는, 유명세가 없고 누구와도 이해관계가 없으며 처신이 자유로운 100억 원의 자산가가 내게는 훨씬 이상향의 부자에 가깝다.

내가 돈을 많이 벌고 싶은 주요한 동기는 돈이 있어서 느끼는 기쁨을 극대화하기보다는 돈이 없어서 느끼는 슬픔을 최소화하기 위함이다. 돈이 있어서 느끼는 기쁨은 다소 추상적이고 일시적이지만, 돈이 없어서 느끼는 슬픔은 대단히 선명하고 만성적이라는 것이 나의 견해다. 돈이 없어서 느끼는 수많은 슬픔 중 하나는 사람이 초라하고 시시해질 수 있다는 것이다. '돈이 없어서 사람이 초라하고 시시해진다'는 말이 무슨 뜻인지 잘 와닿지 않는다면 그대는 운이 좋은 편일 확률이 높다.


## 돈에 대한 지극히 주관적인 철학

• • •

다음은 돈에 대한 지극히 주관적인 나의 철학이다. 모두 돈에 관한 직간접적인 경험을 통해 체득한 것이다. 한때는 별로 공감하지 못한 생각도 일부 있기에(대표적인 것이 돈이 많아지는 것의 부정성이다.) 나중에는 전혀 다른 생각도 할 수 있음을 인지하고 있다. 따라서 나는 지금의 생각이 전적으로 옳다고 생각하지 않는다. 각자가 처한 상황과 가치관이 다르기 때문에, 누군가에게는 공감하기 어려운 생각일 수 있다. 다만 지극히 주관적인 이 생각의 뿌리 덕분에 나는 그동안 돈에 관한 올바른 의사 결정을 할 수 있었다는 점을 강조하고 싶다. 이 중 하나라도 누군가의 공감을 사고 그가 현명한 의사 결정을 하는 데 도움이 된다면 그것으로 족하다.

## 돈에 대한 지극히 주관적인 철학

• 인간이 발명한 돈이 도리어 인간의 주인으로 군림하는 경우가 부지기수다.

• 돈의 노예가 되는 대상은 돈이 많고 적음에 의해 결정되지 않는다. 돈을 대하는 태도와 마음가짐이 그와 돈 사이의 주종 관계에 영향을 미치는 주요 변수다.

• 돈을 다루는 인간의 본성은 역사적으로 변하지 않았다.

• 돈과 관련된 문제에서 돈은 아무런 잘못이 없다. 인간이 문제의 원흉이다.

• 돈은 아름다운 꽃이 될 수도, 흉측한 괴물이 될 수도 있다.

• 돈으로 많은 문제를 해결할 수 있지만 모든 문제가 돈으로 해결되지는 않는다.

• 돈이 주는 가장 큰 기쁨 중 하나는 자유다.

- 돈이 주는 가장 큰 슬픔 중 하나는 불안이다.

- 돈이 없어서 느끼는 슬픔은 돈이 있어서 느끼는 기쁨보다 훨씬 구체적이고 선명하다.

- 부자는 의외로 외로운 사람이다.

- 부자는 타인의 시간을 사는 사람이다.

- 누구도 가난에 대해 함부로 말할 권리가 없다. 왜냐하면 모든 사람이 유리한 환경에 속한 것은 아니기 때문이다.

- 부자와 빈자의 공통점은 인생이 재미가 없다는 것이다.

- 원하지 않는 일을 거절하고, 원하는 일을 할 '시간'을 벌기 위해서는 '충분한' 수준의 돈이 필요하다. 이때 '일'을 '사람과의 만남'으로 치환해도 의미는 유효하다.

- 충분한 돈의 기준은 각자 다르다. 운 좋게 이것을 달성하고도 만족하지 못할 때 탐욕이 영혼을 갉아먹는다.

- 충분한 수준을 초과하는 돈이 생겼을 때, 그 돈을 이타적인 목적으로 쓰지 않는다면 결국 그 돈은 불행의 원흉이 된다.

- 돈은 마치 밀물과 썰물처럼 주머니에 들어왔다가 나가는 것이다. 돈을 벌었다고 교만해지지 말아야 하며, 돈을 잃었다고 해도 크게 절망할 필요가 없다.

- 평균 이상으로 돈이 많아지는 방법은 ① 부자와 결혼하거나, ② 로또에 당첨되거나, ③ 사업에 성공하거나, ④ 투자에 성공하는 것이다.

이 중에서 평범한 사람들에게 그나마 기회가 열려 있는 것은 ④다.

- 투자는 평생 해야 하는 학습이자 놀이다.
- 탐욕을 조절하고 '지속 가능한 투자'를 꾸준히 하는 사람들은 언젠가 부자가 될 것이기 때문에 조급해할 이유가 없다.
- 돈과 관련된 성공과 실패를 가르는 가장 중요한 요소는 운이다. 다만 개인이 운을 통제할 수 없기 때문에 스스로 통제할 수 있는 변수들을 파악하고 철저하게 이것들을 관리해야만 실패할 확률을 그나마 줄여준다.
- 위험은 회피하는 것이 아니라 관리하는 것이다. 가장 위험한 선택지는 아무런 위험도 감수하지 않는 것이다.
- 물건을 사는 것은 단기적인 기쁨을 주지만 경험을 사는 것은 장기적인 기쁨을 준다.
- 아무런 대가를 기대하지 않고 타인을 돕는 것은 가장 보람 있게 돈을 쓰는 방법 중 하나다.
- 타인과의 비교는 불행의 씨앗이다.
- 돈을 많이 벌고 싶다면 어제와는 다른 오늘을 살겠다는 각오로 끊임없이 시도해야 한다. 아무 일도 하지 않으면 아무 일도 일어나지 않는다.
- 부자인 척하는 사람들은 마음에 병이 있는 사람들이다. 그들은 갈망하는 준거 집단과 자신의 지위 사이의 간극을 과소비로 해소하려

하지만, 이 같은 애처로운 시도는 금세 티가 나는 법이다.

- 부자가 되는 것과 부자로 남는 것은 전혀 다른 문제다. 후자가 훨씬 어렵다.

- 돈 귀한 줄 모르는 사람은 결코 부자로 남을 수 없다.

- 건강을 비롯해 좋아하는 사람들과의 사랑, 우정, 유대감, 존경은 돈으로 살 수 없는 가치다. 이것들을 희생할 만큼 가치 있는 돈은 없다.

# 돈에 울고 돈에 웃고

돈에 울고 돈에 웃은 적이 누구나 있을 것이다. 때로는 그 기억이 너무나 생생해 평생 잊지 못할 때도 있다. 나도 마찬가지다. 돈 때문에 슬펐던 기억과 기뻤던 기억 모두 나의 무의식에 퇴적되어, 훗날 돈에 관한 가치관을 형성하는 데 크고 작은 영향을 주었다. 돌이켜보면 완전히 나쁘거나 완전히 좋은 일은 없었다. 모든 순간은 지나갔고 돈 때문에 느꼈던 희로애락의 감정 역시 희미해졌다.

# 나를 울리는 돈

● ● ●

부모로부터 선물 받은 적당한 결핍 덕분에 나는 꽤 어릴 때부터 돈에 관해 균형 잡힌 현실 감각을 가질 수 있었다. 바로 인생이 공평하지 않다는 사실을 담담하게 받아들이고 내가 통제할 수 없는 변수를 무시한 것이다. 가령 '나는 왜 금수저가 아닐까?' '왜 복권에 당첨되지 않는 것일까?' '왜 다른 부자처럼 펑펑 소비하지 못할까?' 등과 같은 고민을 하며 우울감에 빠진 적이 없다. 대신 내가 통제할 수 있는 변수를 점검하고 해결할 수 있는 문제에만 집중했다. 그 결과, 돈 때문에 큰 슬픔을 느낀 적이 거의 없다. 왜냐하면 앞으로 살면서 잃을 것보다는 얻을 것이 많아 보였기 때문이다.

그럼에도 돈 때문에 슬픔을 느꼈던 순간이 있다. 대표적인 것 중 하나가 과소비를 해서 곤란한 상황에 처한 경험이다. 막 성년이 되었을 때, 나는 스스로 돈을 벌어본 적도 제대로 써본 적도 없었다. 따라서 과소비라는 개념을 제대로 알지 못했다. 당시에 유행하던 브랜드 옷을 몹시 사고 싶었는데, 가격이 예산에서 한참 벗어난 수준으로 비쌌다. 하지만 나는 별생각 없이 신용 카드를 긁었고 카드값을 내자 생활비로 쓸 돈이 없었다. 말 그대로 돈이 한 푼도 없어서 몇 주 동안 두문불출하며 지출을 최소화했던 기억이 있다. 바보처럼 고작 옷을 사는 대가로 일상생활을 포기한 것이다.

'최초의 과소비'라는 이 경험은 내게 큰 깨달음을 주었다. 바로 수입과 지출을 명확하게 파악하지 못하고 돈을 쓰다 보면 순식간에 늪에 빠질 수 있다는 것이다. 특히 빚을 져서 과소비할 경우 늪에서 빠져나오기 정말 어렵다는 것을 깨달았다. 그 일 이후 나는 소비를 할 때 수차례 자문해보는 버릇이 생겼다. '반드시 필요한 소비인가?' '재무 상황을 고려했을 때 소비할 여력이 되는가?' 생각보다 많은 사람이 소비 충동을 조절하지 못해 곤란한 일을 많이 겪는다. 나는 비교적 어린 나이에 저렴한 수업료를 내고 과소비를 지양하는 법을 배운 것을 행운으로 생각한다.

한편 이번 경험은 과소비보다 훨씬 선명한 기억으로 남아 있다. 2020년 3월, 코로나19 팬데믹 공포가 시장을 지배하면서 주식과 암호화폐 가격이 모두 폭락했다. 특히 암호화폐 가격 하락이 심했는데, 당시 나의 투자 자산의 대부분은 비트코인에 집중되어 있었다. 몇 시간도 채 되지 않아 비트코인의 가격이 50% 이상 하락하고 각종 블랙 스완이 발생하는 상황을 지켜보며 망연자실했던 기억이 생생하다. 처음으로 비트코인 가격이 0에 수렴할 수 있겠다는 공포를 느낀 순간이었다.

투자 시장에 오랜 시간 참여하면서 파산할 뻔한 적이 딱 한 번 있는데 이때가 바로 그때다. 힘겹게 고생해서 번 돈이 순식간에 증발하는 순간이었다. 당시에는 인생이 끝난 것 같고 내장이 뒤틀리는 것 같은 고통을 느꼈다. 돈을 잃는 것도 슬프지만 심사숙고해서 내린 판단이 결국 틀린 것으로 결론이 날까 두려웠다. 파산의 공포를 느꼈을 당시 나는 투자와 커리어 모두 암호화폐에 집중한 상황이었다. 주변 사람 모두가 말렸지만 마음의 소리가 이것이 정답이라고 말하고 있다는 것을 알았고, 보란듯이 결과로 입증하고 싶었다. 짧은 시간에 인지부조화, 자기혐오, 후회, 절치부심切齒腐心 등 다양한 감정을 느끼면서 돈의 파괴력을 실감했다.

마음속에 차오르는 공포감을 억누르며 비트코인을 추가 매수했던 기억이 있다. 왜 비트코인에 투자하고 암호화폐 업계에 투신했는지를 진지하게 자문했을 때, 코로나19 팬데믹과는 무관하게 비트코인의 펀더멘털이 여전히 견조하다고 판단했기 때문이다. 게다가 (만약 내가 틀려서) 지금 파산할 운명이라면 '한번 바닥까지 가보고 처음부터 다시 시작해보자'라는 치기 어린 마음도 있었다. 결론적으로 과감한 의사 결정은 옳았다. 당시 추가 매집한 비트코인을 훗날 매입가 대비 10배가 넘는 가격에 매도했기 때문이다. 결과가 좋았음에도 나는 파산할 뻔한 당시에 느꼈던 감정을 똑똑히 기억하고 있다. 이때의 경험은 훗날 과욕을 부리지 않고 알맞게 리스크 관리를 하는 태도에 큰 영향을 주었다.

# 나를 웃게 하는 돈

• • •

돈에 웃었던 기억은 명확하다. 바로 돈을 벌고 만족스럽게 소비했을 때다. 돈 때문에 웃는 경우는 특히 첫 경험이 중요하다. 왜냐하면 인간의 뇌가 만족을 위해 설계되지 않았기 때문에, 돈 때문에 느끼는 기쁨은 대개 첫 경험에 극대화되었다가 금세 감퇴하기 때문이다. 예를 들어 돈을 벌고 처음으로 집이나 차를 살 때는 정말 기쁘다. 혹은 처음 고급 기호(명품, 파인 다이닝, 해외여행, 고급 호텔 등)를 소비할 때 역시 만족감은 상당하다. 그러나 이런 경험을 반복하다 보면 '익숙해지기' 마련이다. 단순히 돈이 많다고 해서 항상 웃기만은 어려운 이유다.

실제로 나도 돈 때문에 웃었던 것은 대체로 첫 경험에 기인한다. 예를 들어 처음 아르바이트를 해서 돈을 벌었을 때, 처음 취업해서 월급을 받았을 때, 처음 투자로 돈을 벌었을 때, 처음 고급 기호를 소비했을 때, 처음 집을 샀을 때, 처음 부모님에게 고가의 제품을 선물했을 때 등. 물론 이 당시 느꼈던 기쁨은 시간이 지나고 다소간 희석되었다. 그래도 당시의 첫 경험은 '그래, 이 맛에 돈 버는 거지'라는 동기부여를 했던 유쾌한 기억으로 남아 있다.

한편 첫 경험이 지난 후에도 돈 때문에 느끼는 기쁨이 지속되는 경우도 있다. 대표적인 예가 투자에 성공했을 때다. 투자로 돈을 버는 것은 항상 즐겁다. 특히 다수의 생각과 역행해서 투자에 성공했을 때의 기쁨은 더 크다. 나는 투자가 체스, 바둑처럼 일종의 지적인 스포츠라고 생각한다. 따라서 투자 그 자체를 즐기는 사람은 투자가 성공했을 때 돈이 주는 경제적 만족감뿐 아니라 '내 생각이 맞았다'는 지적 만족감 역시 대단히 소중하게 여긴다. 투자라는 지적인 스포츠에서 꾸준히 승리하는 것은 몇 번의 경험이 반복되어도 결코 희석되지 않을 즐거움이라는 것이 나의 견해다.

돈 때문에 느끼는 지속적인 기쁨의 다른 예는 다른 사람들에게 베풀 수 있는 여유를 실감할 때다. 곳간에서 인심이 난다고, 돈이 어느 정도 있어야 주변을 돌아볼 여유가 생긴다고 나는 믿는다. 돈이 없으면 사람 만나기가 꺼려지고(본인이 내든 얻어먹든 불편하기는 매한가지다), 삶이 곧 생존이기에 매사에 여유가 없으며, 계산적으로 행동하기 마련인데(돈이 없어본 사람은 아마 공감할 것이다. 일상생활을 할 때 머릿속의 가계부가 치밀하게 수입과 지출을 계산하는 상태를), 돈이 있을 때는 부담 없이 좋아하는 사람들을 만나서 여유롭게 시간을 보내고 기꺼이 타인을 위해 지갑을 열게 된다. 베풀 수 있는 여유를 실감하는 순간이 '그래, 이 맛에 돈 버는 거지'라며 돈을 쓰면서 웃는 경우인 것이다.

나는 주변 사람들에게 소소한 선물을 하거나(특히 책을 선물하는 것을 좋아한다. 책 1권을 선물해도 보통 2만 원이 채 들지 않는다), 형편이 어려운 사람을 만날 때 슬쩍 계산하거나, 가끔 기부 단체에 기부하는 정도다. 베풂이라고 하기에도 창피한 소소한 수준이라는 것을 알지만 현재 내 상황에서는 이 정도가 적당하다. 주머니 사정을 고려하지 않고 무리하면 돈을 쓰는 것이 전혀 즐겁지 않고 보상 심리가 생긴다. 나는 아무런 대가를 기대하지 않고 베푸는 목적으로 돈을 쓸 때가 기쁘다. 만약 훗날 천운이 따라 충분한 수준 이상의 돈을 벌게 되면, 그 돈을 어떻게 다른 사람들과 나눌지를 신중하게 고민할 생각이다. 이는 타인을 위한 일이면서 동시에 나를 위한 일이기도 하다.

개인적인 경험에 비추어 보자면, 돈 때문에 기뻤던 일보다는 슬펐던 일이 훨씬 선명한 기억으로 남아 있다. 돈은 실존하지 않지만 돈이 없어서 느끼는 고통은, 돈이 있어서 느끼는 기쁨보다 훨씬 실존에 가깝다. 돈에 울고 돈에 웃는 일은 앞으로도 생길 것이다. 분명한 것은 과거에 그랬던 것처럼 모든 경험이 나름대로 의미가 있을 것이라는 점이다. 돈 때문에 일희일비할 필요가 없는 이유다.

# 돈으로 살 수 없는 것

"돈이 전부가 아니야."

맞는 말이다. 왜냐하면 우리가 중요하게 여기는 가치(사랑, 건강, 동심, 성장, 신뢰, 가족, 열정, 유대감, 행복, 도덕, 양심, 평화, 희망 등)를 돈으로 살 수 없는 법이니까. 많은 사람이 이에 공감한다. 그런데 물질 만능 주의가 심화되고 시장과 기술이 발전하면서, 돈으로 살 수 없는 것이 점점 줄어들고 있다. 작금의 사태를 지켜보며, 돈이 전부가 아니라는 기존의 대전제에 의심을 품게 된다.

실제로 세상에 존재하는 거의 모든 것이 가격표가 붙어 시장에서 거래되고 있다. 예를 들어 단순한 물질 재화뿐 아니라 시간

(대신 줄 서는 서비스, 놀이공원에서 줄을 서지 않아도 되는 프리미엄 입장권), 환경을 파괴할 권리(탄소 배출권), 사랑(데이트·성매매 서비스), 우정(말동무·친구 서비스), 학위, 출산(인공 정자은행, 대리모 등)과 같은 무형의 가치까지 시장에서 돈으로 살 수 있게 되었다. 또한 복수의 연구는 돈으로 일정 부분 행복을 살 수 있다고 주장한다. 심지어 헬스케어 산업이 기하급수적으로 성장하면서, 미래에는 돈으로 생명과 죽음까지 살 수 있다는 전망도 제기되고 있다.

바야흐로 지금은 물질 만능 주의 전성시대다. 돈으로 살 수 없는 것은 멸종 위기에 처해 있다. 이 점은 몹시 우려할 만하다. 물질 만능 주의가 심화되어 돈의 위력이 막강해질수록, 인간과 돈의 관계가 주객전도 되기 쉽기 때문이다. 에이브러햄 링컨Abraham Lincoln은 "돈은 인간의 주인이 아닌 노예가 되어야 한다"고 말했다. 그러나 오늘의 현실을 보면 그 반대인 경우가 많다. 돈이 주인으로 군림하며 수단이 아닌 목적으로 기능하는 것이다. 인간 사회의 편의 증진을 위해 돈이라는 픽션을 창조한 선조들이 오늘날 후손들이 돈의 노예로 굴종하고 있는 현실을 보면 무슨 생각을 할지 궁금하다.

252

한편 돈의 지배에 반감이 있는 인간이 항거한 시도는 대부분 실패를 거듭했다. 사회 체제 면에서나 개인적인 측면에서 모두 그렇다. 한때 전 세계의 절반이 믿었던 공산주의 실험은 인간의 불완전성을 여실히 보여준 채 실패로 끝났다. 자본주의는 교묘하게 설계된 사기이지만, 여전히 지배적인 체제로 자리 잡고 있다. 또한 개인적으로 물질주의에 반감을 가졌던 사람 역시 나이가 먹고 현실에 순응하면서 서서히 보수주의자로 물드는 것이 일반적이다. 그는 적당히 돈과 타협하는 과정에서 한때 돈을 경멸했던 자신과 현재 돈을 갈망하는 자신 사이에서 야릇한 인지 부조화를 느끼게 된다.

돈으로 살 수 없는 것이 있을까? 나는 이 주제를 골똘히 생각하다가 당혹감을 느꼈다는 것을 고백하고 싶다. 시장에 상품화되어 거래되는 유무형 가치가 많아지고, 인간이 돈의 지배에서 완전히 자유롭기 어렵다면, '앞으로 돈으로 살 수 없는 것은 없다. 돈이면 다 된다. 돈이 전부다'라는 우울한 결론에 다다르는 것이 아닐까? 연거푸 커피를 마시고 머리를 싸맸지만, 글이 도무지 써지지 않고 울적한 기분이 들었다.

나는 머리를 식히기 위해 밖에 나갔다. 가을 느낌이 완연한 어느 일요일 오후에 익숙한 노래를 들으며 걷는다. 붉은 단풍이 길에 흩뿌려져 있다. 아이들이 노는 소리가 들린다. 부모들은 까르르 웃는 아이들의 모습을 흐뭇한 표정으로 바라본다. 동네 빵집에서 구수한 냄새가 난다. 땅 위에서 움직이는 개미를 유심히 관찰한다. 새가 총총 걷는다. 하늘은 구름 한 점 없이 파랗다. 공원은 고요하다. 지금 관찰하고 느낀 이 감정을 바탕으로 가을에 관한 시를 써보기로 구상한다. 사랑하는 사람들의 근황을 SNS에서 보고는 오랜만에 그들에게 연락을 했다. 우리는 유쾌한 대화를 나누었다.

적당한 여유로움과 심심함이 공존하던 찰나에 문득 이런 생각이 들었다. '좋다! 지금 여기 이 순간. 나는 살아 있다!' 파우스트Faust(괴테 희곡 〈파우스트〉의 주인공으로, 학문과 지식에 절망한 노학자가 현세적 욕망과 쾌락에 사로잡히지만, 후에 잘못을 깨닫고 영혼을 구원받는다.)의 대사 "순간아 멈추어라, 너는 정말 아름답구나"가 떠오르는 순간이었다. 나는 존재에 경이로움을 느꼈고, 나와 세계가 연결되어 있음을 느꼈다. 이 체험은 돈과는 전혀 무관하다. 나는 돈을 한 푼도 쓰지 않았지만 삶의 의미와 존재의 기쁨을 느꼈다.

에필로그

만약 영혼이 빈곤한 에브니저 스크루지Ebenezer Scrooge(『크리스마스 캐롤』에서 지독한 구두쇠인 주인공으로, 주로 인색한 사람을 빗대어 말한다.) 같은 부자가 제아무리 많은 돈을 지불한다고 하더라도 이 같은 경험을 인위적으로 소비하기는 어려울 것이다.

위 경험을 바탕으로 나는 돈으로 살 수 없는 것들에 대해 다소간의 희망을 가지고 글을 마무리할 수 있게 되었다. 돈으로 살 수 없는 것이 있을까? 그렇다. 나는 감히 확신할 수 있다! 그리고 돈으로 살 수 있는 것보다 돈으로 살 수 없는 것이 우리 인생에 훨씬 중요하다. 본질은 본디 숨기를 좋아한다. 따라서 표피적인 숫자나 실존하지 않는 돈으로 본질을 형용할 수 없다. 그러나 우리는 어리석게도 돈으로 살 수 없는 것의 중요성을 간과하고(심지어 대부분 돈이 들지 않는데도 말이다.) 돈으로 살 수 있는 것에 골몰한 채 본질을 외면한다. 어린 왕자도 이런 말을 하지 않았는가? 어른들은 바보같이 숫자를 좋아한다고.

# 어바웃 머니

**초판 1쇄 발행** 2023년 2월 1일

**지은이** 한중섭
**브랜드** 경이로움
**출판 총괄** 안대현
**책임편집** 정은솔
**편집** 김효주, 이동현, 이제호
**마케팅** 김윤성
**표지디자인** 김지혜
**본문디자인** 김혜림

**발행인** 김의현
**발행처** 사이다경제
**출판등록** 제2021-000224호(2021년 7월 8일)
**주소** 서울특별시 강남구 테헤란로33길 13-3, 2층(역삼동)
**홈페이지** cidermics.com
**이메일** gyeongiloumbooks@gmail.com (출간 문의)
**전화** 02-2088-1804  **팩스** 02-2088-5813
**종이** 다올페이퍼  **인쇄** 천일문화사
**ISBN** 979-11-92445-22-9 (03320)